TRIBUNAL DE CONTAS E O LIMITE PRUDENCIAL DA DESPESA COM PESSOAL

Análise da fiscalização do cumprimento das restrições do artigo 22 da LRF pelo TCE-PR

ANDRÉ SBERZE

Prefácio
Antonio Anastasia

Apresentação
Weder de Oliveira

TRIBUNAL DE CONTAS E O LIMITE PRUDENCIAL DA DESPESA COM PESSOAL

Análise da fiscalização do cumprimento das restrições do artigo 22 da LRF pelo TCE-PR

Belo Horizonte

FÓRUM
CONHECIMENTO JURÍDICO

2024

© 2024 Editora Fórum Ltda.

É proibida a reprodução total ou parcial desta obra, por qualquer meio eletrônico, inclusive por processos xerográficos, sem autorização expressa do Editor.

Conselho Editorial

Adilson Abreu Dallari
Alécia Paolucci Nogueira Bicalho
Alexandre Coutinho Pagliarini
André Ramos Tavares
Carlos Ayres Britto
Carlos Mário da Silva Velloso
Cármen Lúcia Antunes Rocha
Cesar Augusto Guimarães Pereira
Clovis Beznos
Cristiana Fortini
Dinorá Adelaide Musetti Grotti
Diogo de Figueiredo Moreira Neto (*in memoriam*)
Egon Bockmann Moreira
Emerson Gabardo
Fabrício Motta
Fernando Rossi
Flávio Henrique Unes Pereira

Floriano de Azevedo Marques Neto
Gustavo Justino de Oliveira
Inês Virgínia Prado Soares
Jorge Ulisses Jacoby Fernandes
Juarez Freitas
Luciano Ferraz
Lúcio Delfino
Marcia Carla Pereira Ribeiro
Márcio Cammarosano
Marcos Ehrhardt Jr.
Maria Sylvia Zanella Di Pietro
Ney José de Freitas
Oswaldo Othon de Pontes Saraiva Filho
Paulo Modesto
Romeu Felipe Bacellar Filho
Sérgio Guerra
Walber de Moura Agra

FÓRUM
CONHECIMENTO JURÍDICO

Luís Cláudio Rodrigues Ferreira
Presidente e Editor

Coordenação editorial: Leonardo Eustáquio Siqueira Araújo
Aline Sobreira de Oliveira

Rua Paulo Ribeiro Bastos, 211 – Jardim Atlântico – CEP 31710-430
Belo Horizonte – Minas Gerais – Tel.: (31) 99412.0131
www.editoraforum.com.br – editoraforum@editoraforum.com.br

Técnica. Empenho. Zelo. Esses foram alguns dos cuidados aplicados na edição desta obra. No entanto, podem ocorrer erros de impressão, digitação ou mesmo restar alguma dúvida conceitual. Caso se constate algo assim, solicitamos a gentileza de nos comunicar através do *e-mail* editorial@editoraforum.com.br para que possamos esclarecer, no que couber. A sua contribuição é muito importante para mantermos a excelência editorial. A Editora Fórum agradece a sua contribuição.

Dados Internacionais de Catalogação na Publicação (CIP) de acordo com ISBD

S276t   Sberze, André
         Tribunal de Contas e o limite prudencial da despesa com pessoal: análise da fiscalização do cumprimento das restrições do artigo 22 da LRF pelo TCE-PR / André Sberze. Belo Horizonte: Fórum, 2024.
         129p. 14,5x21,5cm

         ISBN 978-65-5518-664-2

         1. Tribunal de Contas. 2. Controle externo da Administração Pública. 3. Lei de Responsabilidade Fiscal (LRF). 4. Despesas com pessoal. 5. Direito administrativo. 6. Direito financeiro. I. Título.

                                                                      CDD: 342
                                                                      CDU: 342

Ficha catalográfica elaborada por Lissandra Ruas Lima – CRB/6 – 2851

Informação bibliográfica deste livro, conforme a NBR 6023:2018 da Associação Brasileira de Normas Técnicas (ABNT):

SBERZE, André. *Tribunal de Contas e o limite prudencial da despesa com pessoal*: análise da fiscalização do cumprimento das restrições do artigo 22 da LRF pelo TCE-PR. Belo Horizonte: Fórum, 2024. 129p. ISBN 978-65-5518-664-2.

À minha família (seu Paulo, dona Vanda, minha irmã Ana Paula e o nosso inesquecível Duke)

AGRADECIMENTOS

Ao meu orientador na dissertação de mestrado que deu origem a este livro, Professor Weder de Oliveira, pela amizade, paciência e atenção que me dedicou, ensinando a partir de zero como escrever um texto de forma científica e com rigor técnico absoluto, bem como aos demais membros da banca examinadora, Professores Helder Rebouças e José Maurício Conti, tríade que engrandece minha aprovação.

A todos os meus professores do Mestrado em Administração Pública do IDP, com agradecimentos especiais ao Professor Antonio Anastasia, pelo incentivo me dado para (re)começar a carreira acadêmica quando fui aluno especial em sua disciplina, e a todos os colaboradores do IDP, na pessoa de Amanda Machado de Liz, que tanto me auxiliou no decorrer das disciplinas com os desafios que as aulas on-line representaram.

Aos meus amigos do TCE-PR, Conselheiro Artagão de Mattos Leão (in memoriam), Conselheiro Fernando Guimarães, Conselheiro Substituto Sérgio Ricardo Valadares Fonseca, Auditor de Controle Externo Mario Antônio Cecato e ao então Diretor de Gabinete Luciano Crotti, o agradecimento pelas conversas informais sobre Tribunal de Contas e LRF que muito contribuíram para os rumos da dissertação.

A todos meus amigos e colegas de gabinete na Assembleia Legislativa do Estado do Paraná, nas pessoas do Deputado Artagão de Mattos Leão Júnior e do Chefe de Gabinete Wilson Pilarski, bem como aos meus antigos colegas e eternos amigos do escritório de representação em Guarapuava, Mirto Jr. e Sylfarner Pimpão, e também aos meus amigos Marlon Douglas Pires e Valmir Ariotti.

Aos meus colegas Antônio José e Silva, Jhonatan de Jesus, Luís Eduardo Colavolpe, Mariana Pucci Miró, Ney Ferraz Junior e Rodrigo Cardoso de Paiva, pessoas que conheci no Mestrado e que nem a limitação imposta pelas aulas *on-line* impediu de se tornarem verdadeiros amigos.

Aos meus amigos e sócios do escritório ASSLA Advogados Associados: Ana Carolina Siqueira, Gessica Paola Sandrin, Izabella e Jeancarlos Lieber Araújo, e também aos advogados (e amigos) que tanto me inspiraram nessa profissão: Alencar Agner e Irio Krunn.

À Jamile Christiane Stürmer, pela importância que teve no reinício da minha vida acadêmica: a gratidão e o respeito para sempre!

Ao meu amigo e sócio no IDGP, Matheus Correa, responsável pela minha inserção no universo da docência nos cursos de capacitação na Unicursos Curitiba, numa parceria que está completando uma década de sucesso, bem como aos milhares de agentes políticos e servidores públicos que foram meus alunos ou assistiram minhas palestras ao longo dessa caminhada.

Aos expoentes do Direito Administrativo, Direito Constitucional, Direito Financeiro, Controle Externo e dos Tribunais de Contas (bem como a Editora Fórum) que sempre me inspiraram tanto na pesquisa acadêmica quanto na atuação profissional: Benjamin Zymler, Bruno Dantas, Carlos Ari Sundfeld, Dado Cherem, Dimas Ramalho, Domingos Taufner, Durval Amaral, Edilberto Pontes de Lima, Fábio Camargo, Gilmar Mendes, Inaldo da Paixão Araújo, Ismar Viana, Ivan Bonilha, Ivens Zschoerper Linhares, Jacoby Fernandes, Lenio Streck, Lucas Rocha Furtado, Luís Roberto Barroso, Luiz Henrique Lima, Luiz Guilherme Marinoni, Marcos Nobrega, Milene Cunha, Paulo Gustavo Gonet Branco, Thaísse Craveiro, Tiossi Jr e Zulmar Fachin... Sem os ensinamentos de vocês jamais estaria aqui.

Por fim, um agradecimento especial aos milhares de seguidores da nossa página Controle Externo Descomplicado no Instagram, que são o principal incentivo para meu aperfeiçoamento diário na doutrina e jurisprudência sobre Controle Externo e Tribunais de Contas.

LISTA DE ABREVIATURAS E SIGLAS

ADCT	–	Ato das Disposições Constitucionais Transitórias
ADI	–	Ação Direta de Inconstitucionalidade
APA	–	Apontamento Preliminar de Acompanhamento
APRP	–	Autos de Prazo para Regularização de Procedimento
CAGE	–	Coordenadoria de Acompanhamento de Atos de Gestão
CGM	–	Coordenadoria de Gestão Municipal
CNI	–	Confederação Nacional da Indústria
DETC	–	Diário Eletrônico do Tribunal de Contas
FMI	–	Fundo Monetário Internacional
IA	–	Inteligência Artificial
IBGE	–	Instituto Brasileiro de Geografia e Estatística
IN	–	Instrução Normativa
LC	–	Lei Complementar
LDO	–	Lei de Diretrizes Orçamentárias
LINDB	–	Lei de Introdução às Normas do Direito Brasileiro
LOTCE	–	Lei Orgânica do Tribunal de Contas do Estado
LRF	–	Lei de Responsabilidade Fiscal
PAF	–	Plano Anual de Fiscalização
PEF	–	Programa de Estabilidade Fiscal
PIB	–	Produto Interno Bruto
RCL	–	Receita Corrente Líquida
RGF	–	Relatório de Gestão Fiscal
RGPS	–	Regime Geral da Previdência Social
RITCE	–	Regimento Interno Tribunal de Contas Estadual
STF	–	Supremo Tribunal Federal
STJ	–	Superior Tribunal de Justiça
TCE-PR	–	Tribunal de Contas do Estado do Paraná

LISTA DE ILUSTRAÇÕES

Tabela 1 – Municípios do Paraná com mais de 50 mil habitantes................ 29
Tabela 2 – Alertas prudenciais emitidos para 13 municípios do estado do Paraná com população acima de 50 mil habitantes................ 30
Tabela 3 – Alertas prudenciais emitidos para municípios do estado do Paraná com população acima de 50 mil habitantes em 2018....... 32
Tabela 4 – Alertas prudenciais emitidos para municípios do Estado do Paraná com população acima de 50 mil habitantes em 2019....... 33

Gráfico 1 – Compilados da despesa com pessoal/RCL de 2017 a 2019, por quadrimestres, nos municípios paranaenses acima de 50 mil habitantes... 82

SUMÁRIO

PREFÁCIO
Antonio Anastasia 15

APRESENTAÇÃO
Weder de Oliveira 19

PRÓLOGO
André Sberze 21

CAPÍTULO 1
INTRODUÇÃO 25

CAPÍTULO 2
O MODELO DE CONTROLE DA DESPESA COM PESSOAL
INSTITUÍDO PELA LEI DE RESPONSABILIDADE FISCAL 37

2.1 Histórico da limitação da despesa com pessoal e o advento da Lei de Responsabilidade Fiscal 37
2.2 Conceito de despesa obrigatória de caráter continuado 45
2.3 Despesa total com pessoal: definições e limites 49
2.4 O artigo 22 da LRF e as vedações impostas para o Poder ou órgão que ultrapassar o limite prudencial 55
2.5 Transparência, controle e fiscalização das despesas com pessoal e o RGF 58
2.6 Alerta 60

CAPÍTULO 3
TRIBUNAL DE CONTAS E O CONTROLE EXTERNO DA ATIVIDADE
FINANCEIRA DO ESTADO 63

3.1 Tribunal de Contas: breves notas sobre a origem, função, competência e a evolução das cortes de controle externo no Brasil 63
3.2 O papel do Tribunal de Contas na Lei de Responsabilidade Fiscal 71

CAPÍTULO 4
METODOLOGIA 77

CAPÍTULO 5
ANÁLISE DOS DADOS OBTIDOS NA PESQUISA 81
5.1   Fiscalização das vedações do parágrafo único do artigo 22 pelo TCE-PR nos Municípios que ultrapassaram o limite prudencial realizadas por meio do PAF e processos controladores 89
5.2   Processos de registro de admissão de pessoal no TCE-PR envolvendo as restrições do parágrafo único do artigo 22 da LRF 97
5.3   Reflexos nos Pareceres Prévios dos Municípios alertados 102

CAPÍTULO 6
APA – APONTAMENTO PRELIMINAR DE ACOMPANHAMENTO E A POSSIBILIDADE DE ADOÇÃO DO INSTRUMENTO PARA FISCALIZAR A IMPLEMENTAÇÃO DAS RESTRIÇÕES DO ARTIGO 22 DA LRF 107

CAPÍTULO 7
CONCLUSÕES 117

REFERÊNCIAS 123

ANEXO
MINUTA DE INSTRUÇÃO NORMATIVA Nº XXX/2023 127

PREFÁCIO

É com grande satisfação que apresentamos o livro "Tribunal de Contas e o Limite Prudencial da Despesa com Pessoal: análise da fiscalização do cumprimento das restrições do artigo 22 da LRF pelo TCE-PR" de autoria de André Sberze, jovem advogado reconhecido no campo do direito público, tanto por sua forte atuação no apoio jurídico a diversos Municípios no Estado do Paraná quanto pelo nobre exercício do ofício de professor e palestrante bastante aplaudido.

Esta obra representa o resultado de uma pesquisa exaustiva que se aprofunda em um tópico de extrema relevância no contexto da administração pública brasileira: o controle das despesas com pessoal.

O equilíbrio entre receitas e despesas, a responsabilidade no uso dos recursos públicos e a busca por uma administração financeira sólida são princípios que norteiam a atuação do Estado. Por essa razão, a gestão das finanças públicas sempre foi um tema sensível no Brasil, abrangendo todas as esferas de governo, seja no âmbito federal, estadual ou municipal.

Há mais de duas décadas, a promulgação da Lei de Responsabilidade Fiscal (Lei Complementar nº 101/2000) representou um marco na história das finanças públicas do país. Essa legislação introduziu uma série de inovações destinadas a estabelecer mecanismos de controle e limites para as despesas públicas, especialmente aquelas relacionadas aos gastos com pessoal.

Uma das inovações mais notáveis da LRF foi a introdução de limites preventivos, projetados para evitar que os gastos com pessoal ultrapassassem um determinado patamar. Esses limites, aliados a um sistema de retorno que estabelece medidas corretivas em caso de excesso, demonstraram ser fundamentais para o controle dessas despesas.

No entanto, a eficácia da LRF depende não apenas da existência desses limites e mecanismos de controle, mas também da atuação dos órgãos encarregados de fiscalizar o seu cumprimento. Nesse contexto, os Tribunais de Contas desempenham um papel crucial, sendo responsáveis por verificar se os entes públicos estão cumprindo as disposições da lei e adotando as medidas necessárias para evitar excessos nas despesas com pessoal.

Todavia, a instrumentalização do controle relativo aos gastos com pessoal ainda não alcançou um patamar otimizado. Em regra, os órgãos de controle atuam apenas quando o ente federativo ultrapassa os limites e comete atos vedados pelo parágrafo único do art. 22 da LRF (como a concessão de vantagens, aumento de despesas ou criação de cargos). A fiscalização nessas circunstâncias muitas vezes acaba por se concentrar mais na punição do gestor do que na efetiva promoção da responsabilidade fiscal. Por isso, compreendemos que o cumprimento dos limites das despesas com pessoal exige um controle preventivo e uma atuação proativa dos Tribunais de Contas.

O presente trabalho, lavrado por André Sberze, segue essa linha de raciocínio e destrincha a realidade das Prefeituras do Estado do Paraná, investigando a possibilidade de o Apontamento Preliminar de Acompanhamento (APA) ser um instrumento eficaz e apto a solidificar a fiscalização do cumprimento das restrições impostas pela Lei de Responsabilidade Fiscal.

Cumprindo sua missão, a pesquisa analisou as normas internas do Tribunal de Contas do Estado do Paraná, examinou alertas, auditorias, pareceres prévios e acórdãos relacionados aos limites de despesas com pessoal e conduziu entrevistas com especialistas e envolvidos na fiscalização.

Os resultados revelam desafios e oportunidades na fiscalização das despesas com pessoal, especialmente pela constatação de que as Prefeituras do Estado do Paraná frequentemente ultrapassam esses limites. Isso demonstra que, na promoção da responsabilidade fiscal, é importante uma atuação dos órgãos de controle externo em um estágio anterior ao momento das prestações de contas ou da tomada de contas.

Com efeito, devemos refletir sobre a necessidade de reformas e aprimoramentos no sistema de fiscalização das despesas com pessoal. O controle preventivo e os alertas emitidos após auditorias são imprescindíveis na prevenção de excessos nas despesas públicas.

A grande contribuição desta obra está em nos desafiar e incentivar a busca por soluções inovadoras para que os Tribunais de Contas auxiliem na lucidez do gasto com pessoal.

O citado Apontamento Preliminar de Acompanhamento é utilizado quando o TCE-PR entende que não há gravidade suficiente para abertura de um processo específico, mas também não se trata de uma irregularidade que possa ser resolvida com uma simples advertência. Naquele Tribunal, o APA tem sido utilizado com sucesso durante a realização de processos licitatórios, isto é, antes de que ilegalidades sejam concretizadas. Assim, a flexibilidade desse instrumento poderia trazer ganhos na aferição das despesas com pessoal, notadamente pela possibilidade de realizar uma análise subjetiva da questão, para além da simples verificação do percentual legal.

No mesmo sentido, concordamos com o autor que a utilização de recursos tecnológicos, como a inteligência artificial, pode ser um caminho promissor para aprimorar a eficiência das ações fiscalizatórias.

Outros instrumentos inovadores devem surgir para permitir que os órgãos de controle implementem métodos modernos e automatizados que fortaleçam a gestão fiscal responsável.

Acreditamos que esta obra será de grande utilidade para gestores, fiscalizadores, acadêmicos, profissionais da área contábil e todos aqueles interessados em promover uma administração pública responsável e transparente.

Esperamos que este livro inspire novas abordagens e ações para o aprimoramento da gestão responsável e da prudência fiscal.

Boa leitura!

Brasília, outubro de 2023.
Antonio Anastasia
Ministro do Tribunal de Contas da União.

APRESENTAÇÃO

A Lei de Responsabilidade Fiscal, apesar das muitas alterações procedidas no arcabouço normativo fiscal brasileiro na última década, continua sendo o núcleo temático em relação ao qual são avaliadas e implementadas ideias de aperfeiçoamento de muitos pontos do campo fiscal-orçamentário: administração das receitas, geração de despesas obrigatórias, controles preventivos do crescimento das despesas de pessoal, operações de crédito, sustentabilidade fiscal, planejamento orçamentário, entre outros.

Os Tribunais de Contas, uma das instituições do sistema de governança fiscal do país, desempenham, concretamente, o papel mais relevante na difusão das ideias e no *fazer cumprir* das normas de controle fiscal e evolução do processo orçamentário no âmbito federativo municipal.

André Sberze, aluno de contagiante dedicação do Mestrado Profissional em Administração Pública do Instituto Brasileiro de Ensino, Desenvolvimento e Pesquisa (IDP) e das disciplinas que ministrei, escolheu como tema de sua dissertação o controle da despesa de pessoal pelos Tribunais de Contas: especificamente, o aprimoramento do controle exercido pelo Tribunal de Contas do Estado do Paraná (TCE-PR) sobre as despesas de pessoal dos municípios.

Sua vivência profissional permitiu-lhe, primeiramente, compreender a importância do TCE-PR para manter nos municípios um alto nível de consciência da relevância da responsabilidade fiscal e do orçamento público e, depois, perceber que, se inovações operacionais de controle não forem buscadas, corre-se o risco de perda de parte dos resultados do intenso trabalho desenvolvido pelos Tribunais de Contas na década inicial de existência da Lei de Responsabilidade Fiscal.

Os seus estudos mostraram que o TCE-PR pode reforçar aquele nível de consciência e a expectativa de controle sobre o crescimento da despesa de pessoal atuando antecipadamente, antes que limites sejam extrapolados, e tempestivamente, quando já excedidos, valendo-se de procedimentos automatizados e do uso, inovador, de um instrumento de controle já existente: o apontamento preliminar de acompanhamento.

Ao estudar o tema *controle da despesa com pessoal* de modo pragmático e construtivo, André Sberze aporta em sua dissertação, que deu base a este livro, importantes e novas reflexões sobre o desenvolvimento da interação entre Tribunais de Contas e Municípios ao longo do tempo e da contribuição que o aprimoramento dessa interação pode dar para a melhoria da gestão fiscal, da qual a manutenção da despesa com pessoal em nível compatível com a evolução das receitas permanentes e as necessidades de investimento e ampliação dos serviços públicos é um elemento fundamental.

A Administração Pública muito se beneficia de iniciativas de trabalhos empíricos, analíticos e com objetivos construtivos, como este.

Weder de Oliveira
Ministro-Substituto do Tribunal de Contas da União.
Professor do Mestrado Profissional em Administração Pública do Instituto Brasileiro de Ensino, Desenvolvimento e Pesquisa (IDP).

PRÓLOGO

Prezados amigos, é uma honra que vocês estejam lendo o resultado da pesquisa e dos estudos que realizei para elaborar a dissertação aprovada no Mestrado em Administração Pública do IDP – Instituto Brasileiro de Ensino, Desenvolvimento e Pesquisa, cujo título original era "A fiscalização do cumprimento das restrições do artigo 22 da Lei de Responsabilidade Fiscal pelos Tribunais de Contas: análise da atuação do Tribunal de Contas do Estado do Paraná".

Antes de adentrar ao texto principal, entendo pertinente contar aos leitores um pouco da jornada percorrida.

Iniciei o Mestrado no conturbado ano de 2020 quase que por acaso: vi no *feed* da minha extinta página de uma rede social o anúncio *on-line* do IDP oferecendo a oportunidade de ingresso no programa de Mestrado na condição de aluno especial, na disciplina "Governança e Transformações na Gestão Pública", cujo professor seria o então Senador Antonio Anastasia (atualmente Ministro do Tribunal de Contas da União), alguém que sempre tive admiração por conciliar a atividade da docência com a atividade política de maneira brilhante.

Havia mais de 10 anos que eu não cursava "aulas normais" (desde que conclui minha pós-graduação em Direito Constitucional na PUCPR) e confesso que não sabia como seria a readaptação ao exigente ambiente da pós-graduação *stricto sensu*. Para minha (grata) surpresa rapidamente me entrosei e gostei das discussões acadêmicas daquela disciplina específica, que tratou, entre outros temas, de assuntos que sempre apreciei: servidores públicos e o controle externo exercido pelos Tribunais de Contas, matérias que eu lecionava nos cursos de capacitação para agentes públicos na Unicursos Curitiba desde 2015 e, posteriormente, no IDGP.

Ao final da disciplina, fiquei surpreso e feliz quando recebi a notícia da minha aprovação na sua disciplina com a nota máxima.

Tal fato motivou-me a consultar se o IDP ofereceria mais opções para alunos especiais em 2020, e me informaram que seria oferecida uma disciplina voltada para o Direito Financeiro a ser lecionada pelo Ministro Substituto do Tribunal de Contas da União Weder de Oliveira, por quem sempre nutri enorme admiração acadêmica e profissional, leitor de seu clássico "Curso de Responsabilidade Fiscal". Sem pensar duas vezes solicitei a inscrição para essa disciplina.

A tecnicidade da matéria (intitulada "Gestão do Orçamento Público e Federalismo") envolvia o controle das despesas públicas, em especial a despesa com pessoal e a fiscalização exercida pelos Tribunais de Contas, que me motivaram a escrever, como atividade de conclusão da matéria, um artigo sobre os alertas emitidos pelos Tribunais de Contas para os limites das despesas com pessoal. Novamente fui aprovado na disciplina.

Ao final daquela etapa fui avisado que, devido à incerteza do fim da pandemia, a direção do IDP havia tomado a decisão de manter todas as aulas da pós-graduação no formato *on-line* durante o ano letivo de 2021, o que me levou a participar do processo seletivo para o programa completo do Mestrado em Administração Pública de 2021, já indicando na entrevista de admissão com os coordenadores do curso sobre qual tema tinha intenção de dissertar: o papel do Tribunal de Contas no controle da despesa com pessoal previsto pela Lei de Responsabilidade Fiscal (LRF).

A despesa com pessoal sempre me interessou pelo fato dessa modalidade de gasto ser a maior das despesas públicas dos municípios brasileiros, além disso, a experiência de ter sido Procurador de um Município que havia ultrapassado o limite prudencial e posteriormente o limite total das despesas com pessoal, dificultando a realização de políticas públicas em favor da população era uma memória viva das consequências práticas da gestão pública que descumpre os limites de despesa com pessoal fixados pela LRF.

Chamava-me a atenção que a LRF previa algumas "barreiras" para evitar que fosse atingido o limite total da despesa com pessoal, em especial as vedações do parágrafo único do artigo 22, as quais aparentemente não havia fiscalização alguma sobre o cumprimento de tais restrições – seja pelo Tribunal de Contas, seja pelo Poder Legislativo ou pelo Ministério Público – sendo que também não encontrei artigos acadêmicos ou livros específicos sobre o assunto.

Ou seja: havia um possível problema prático sobre o qual se justificava uma pesquisa acadêmica, e, desde o início, não tive dúvidas que o único professor que poderia me orientar na dissertação seria o Prof. Weder de Oliveira (que novamente foi meu professor, na disciplina "Administração, Políticas Públicas e Tribunais de Contas", rendendo o artigo intitulado "Intervenção do Tribunal de Contas do Estado em projeto de lei que afronta a Constituição Federal e a Lei de Responsabilidade Fiscal: caso prático de ativismo controlador?" que foi selecionado para o Encontro Brasileiro de Administração Pública de 2021, trabalho que já abordava a fiscalização do limite prudencial das despesas com pessoal).

Essa soma de fatores desenhou o meu projeto de pesquisa: abordar como a fiscalização das restrições do parágrafo único do artigo 22 da LRF é feita pelo TCE-PR nas Prefeituras do Estado do Paraná, a partir de corte metodológico alinhado às premissas da LRF.

Entre a aprovação do projeto de pesquisa e a defesa (com a aprovação) da dissertação, realizei a pesquisa documental em mais de uma centena de decisões controladoras do TCE-PR, inicialmente contando com a ajuda e a disposição do então Conselheiro Artagão de Mattos Leão (que infelizmente faleceu antes da publicação deste livro), posteriormente reforçada pelo Conselheiro Fernando Guimarães, pelo Conselheiro Substituto Sérgio Ricardo Valadares Fonseca (dos quais me tornei amigo) e também por dois servidores da Corte que já eram meus amigos: Cecato e Luciano Crotti. Com todos mantive diversas conversas informais sobre os rumos da pesquisa que me permitiram elaborar uma proposta de aprimoramento para a fiscalização a ser realizada pelo Tribunal de Contas, voltada para o controle preventivo e proativo das Cortes de Contas.

Também nesse meio tempo percebi uma lacuna de conteúdos acessíveis e simplificados sobre Controle Externo e Tribunais de Contas nas redes sociais, o que me motivou a criar uma página no Instagram sobre tais assuntos, que sugestivamente "batizei" de Controle Externo Descomplicado, a qual (para meu sincero espanto) acabou se tornando uma referência nacional sobre a matéria, contando com mais de 25 mil seguidores e servindo de alavanca para a realização, por meio do Instituto de Desenvolvimento em Gestão Pública – IDGP, do Congresso Nacional de Controle da Administração Pública, evento reconhecido em todo o país e que já ruma para sua terceira edição no ano de 2024.

Destaco o importante papel que o professor Weder de Oliveira representou, desde a aceitação para me orientar, dando liberdade criativa para eu escrever do zero e, a partir disso, firmemente corrigir os rumos da pesquisa e do texto final da dissertação, literalmente me ensinamento a escrever de forma racional e empírica, com extensa análise e revisão dos dados obtidos, em um texto direto e objetivo, sem os maneirismos da advocacia, e que culminaram com a aprovação da pesquisa após defesa perante os professores Helder Rebouças e José Maurício Conti. Ou seja, foi um trabalho acadêmico aprovado por integrantes da elite do Direito Financeiro brasileiro.

Daquele texto para este livro publicado pela Editora Fórum – minha referência particular de qualidade em obras do direito público em geral – foram feitas pequenas modificações, referente às citações e notas de rodapé (para facilitar a leitura), com a adição de decisões do STF sobre as despesas com pessoal que tiveram julgamento concluído após a aprovação da dissertação, também sendo ampliado o capítulo sobre a atuação dos Tribunais de Contas e a Lei de Responsabilidade Fiscal.

Resumidamente, esses foram os caminhos que percorri em mais de 02 anos e que agora encontram em vocês leitores um ponto final para essa primeira jornada (e sem qualquer pretensão de esgotar a matéria), que é difundir o controle das despesas com pessoal e apresentar uma proposta para que os Tribunais de Contas possam melhorar a fiscalização das vedações impostas ao Poder que ultrapassa o limite prudencial, e para que se cumpra aquilo que a LRF fixou lá no distante ano de 2000: a realização da gestão fiscal responsável das finanças públicas brasileiras.

Curitiba, outubro de 2023.
André Sberze
@controle_externo_descomplicado

CAPÍTULO 1

INTRODUÇÃO

A fixação de limites para as despesas com pessoal da administração pública sempre foi um consenso histórico no Brasil, conforme destaca Weder de Oliveira,[1] e tal gasto sempre se revelou a maior das despesas públicas continuadas na esfera municipal e na esfera estadual. Com a publicação da Lei de Responsabilidade Fiscal – LRF (Lei Complementar nº 101/2000), estabeleceram-se normas de finanças públicas voltadas para a responsabilidade na gestão fiscal, com a Lei fixando limites para as despesas com pessoal não apenas para a União, mas também para os Estados e Municípios, Poder Legislativo e Judiciário, além do Ministério Público e Tribunal de Contas.

O contexto geral que justificou a edição da LRF era o descontrole fiscal existente no país, o que se buscou combater ao instituir processos de controle do endividamento público, em objetivos qualificados como macroeconômicos, financeiros e orçamentários, para permitir o alcance de um equilíbrio fiscal intertemporal entre arrecadação e despesa, conforme destacou Weder de Oliveira,[2] no que se incluem as despesas com pessoal.

Referente a essa modalidade de despesa, Domingos Taufner[3] destaca que o limite da despesa com pessoal é o dispositivo mais divulgado e debatido da LRF. A lei disciplina a questão na seção II do capítulo IV,

---

[1] OLIVEIRA, Weder de. *Curso de Responsabilidade Fiscal*: direito, orçamento e finanças públicas. Belo Horizonte: Fórum, 2013. v. 1. p. 413.
[2] OLIVEIRA, Weder de. O equilíbrio das finanças púbicas e a Lei de Responsabilidade Fiscal. *In*: CASTRO, Rodrigo Pironti Aguirre de (Coord.). *Lei de Responsabilidade Fiscal*: ensaios em comemoração aos 10 anos da Lei Complementar nº 101/00. Belo Horizonte: Fórum, 2010. p. 410/411.
[3] TAUFNER, Domingos Augusto. *Os conceitos básicos da Lei de Responsabilidade Fiscal para sua melhor aplicação pelos profissionais do direito*. *In*: COÊLHO, Marcus Vinicius Furtado;

fracionada em 02 (duas) subseções: uma sobre "definições e limites" (artigos 18 a 20) e outra "do controle da despesa total com pessoal" (artigos 21 a 23), as quais definem os parâmetros, limites e vedações de obrigatória observação para União, Estados e Municípios, bem como para os 03 (três) Poderes e os órgãos autônomos abrangidos pela lei.

A lei também estabeleceu um sistema preventivo para evitar que os limites fixados sejam alcançados, e um sistema de retorno, estabelecendo medidas para que o excesso da despesa com pessoal seja eliminado, quando excedido.

De forma preventiva, para evitar que seja extrapolado o limite total da despesa com pessoal, foram previstos o alerta, a ser emitido pelos Tribunais de Contas quando o Poder ou órgão atingir 90% do limite total fixado para a despesa com pessoal, e foram vedadas determinadas condutas aos Poderes e órgãos que excedessem o índice de 95% do limite total da despesa com pessoal, naquilo que se convencionou chamar de limite prudencial.

Tais limitações foram criadas para evitar o descontrole dessa despesa, cujo gasto elevado pode causar desequilíbrio fiscal, principalmente no Poder Executivo,[4] que historicamente sempre dispendeu grande parcela de recursos públicos para o pagamento do funcionalismo.

Porém, após a edição da LRF, a questão das despesas com pessoal continua sendo um problema para a Administração Pública.

Estudo da Confederação Nacional da Indústria (CNI) realizado no ano de 2018 demonstrou que no Brasil se gasta 13,4% do PIB em despesas com servidores públicos ativos e inativos, o que coloca o país no 6º lugar mundial entre as nações em que o Fundo Monetário Internacional realizou levantamento de dados.[5]

A partir de dados constantes do Índice de Gestão Fiscal elaborado pela Federação das Indústrias do Rio de Janeiro (FIRJAN), em estudo realizado no ano de 2020, apontou-se que 35% dos municípios brasileiros não arrecadam em impostos próprios o suficiente para sustentar suas

---

ALLEMAND, Luiz Claudio; ABRAHAM, Marcus (Org.). *Responsabilidade fiscal*: análise da Lei Complementar nº 101/2000. Brasília: OAB, Conselho Federal, 2016. p. 188.

[4] Exemplo disso é Minas Gerais, onde apurou-se que, durante o ano de 2019, o Estado utilizava 76,5% de suas receitas para o pagamento de servidores públicos, conforme se extrai de matéria existente no endereço eletrônico: https://g1.globo.com/mg/minas-gerais/noticia/2019/05/09/folha-de-pagamento-de-servidores-consome-765percent-da-receita-de-minas-gerais.ghtml

[5] Disponível em: https://fiesc.com.br/pt-br/imprensa/despesa-com-servidor-no-brasil-esta-entre-mais-elevadas-entre-mais-de-70-paises-aponta-cni. Acesso em: 16 jan. 2023.

Prefeituras Municipais e Câmaras de Vereadores.[6] O estudo ainda indica que de 5.234 municípios pesquisados, em 1.818 foi ultrapassado o limite total previsto pela LRF, o que representa 34,7% dos casos pesquisados.[7] No caso dos municípios, exceder as despesas com pessoal pode representar um obstáculo para adoção de investimentos a partir de recursos próprios, pois ultrapassado o limite total de despesas com pessoal e não ocorrendo a redução no prazo de dois quadrimestres seguintes, ficam vedados o recebimento de transferências voluntárias e a realização de operações de crédito, instrumentos indispensáveis para o desenvolvimento de pequenos e médios municípios, conforme prevê a LRF.

Além disso, a LRF dispõe que despesa com pessoal é objeto que demanda fiscalização permanente pelos responsáveis pelo controle das disposições da lei, cuja competência foi estabelecida no seu artigo 59.

No que diz respeito ao controle da Administração Pública, um avanço da Lei de Responsabilidade Fiscal foi a ampliação dos poderes de atuação dos Tribunais de Contas, aos quais foi fixada a competência para fiscalizar o cumprimento da Lei.

O §1º do artigo 59 da LRF atribuiu competência aos Tribunais de Contas para emitir alertas referentes aos limites fixados para a despesa com pessoal, visando prevenir a extrapolação do limite total fixado pela LRF. Por sua vez, o §2º do artigo 59 da LRF estabeleceu competência aos Tribunais de Contas para verificar os cálculos dos limites da despesa total com pessoal dos Poderes e órgãos, o que ressalta a importância das cortes de controle externo na fiscalização da despesa com pessoal.

Além disso, a LRF elencou no artigo 48 instrumentos de transparência da gestão fiscal, sendo o Relatório de Gestão Fiscal (RGF) o instrumento emitido pelos titulares dos Poderes e órgãos que permite a transparência e controle da despesa total com pessoal, na forma da alínea "a" do inciso I do artigo 55.

O RGF permite, além da transparência, a fiscalização e o controle das despesas com pessoal dos municípios tanto pelo Poder Legislativo, Tribunal de Contas, controle interno e Ministério Público. A LRF diferencia os municípios com menos e com mais de 50 mil habitantes, facultando aos primeiros a divulgação do RGF a cada semestre, con-

---

[6] Disponível em: https://www.bbc.com/portuguese/brasil-54669538. Acesso em: 14 out. 2022.
[7] Dados obtidos em matéria veiculada pelo site *Valor Investe*. Disponível em: https://valorinveste.globo.com/mercados/brasil-e-politica/noticia/2021/10/21/pais-tem-1818-cidades-que-gastam-mais-de-54percent-da-receita-com-pessoal-diz-firjan.ghtml. Acesso em: 16 jan. 2023.

forme dispõe o inciso II do artigo 63; no caso dos municípios acima de 50 mil habitantes estes devem obrigatoriamente divulgar o RGF a cada quadrimestre, na forma do artigo 54 da norma.

A partir da análise do RGF é que o Tribunal de Contas emite os alertas para o Poder ou órgão que se encontram acima dos limites de despesa com pessoal previstos pela LRF.

No caso do Tribunal de Contas do Estado do Paraná (TCE-PR), a Corte aborda três limites para fins de emissão de alerta aos municípios: atingimento de 90%, 95% e 100% da Receita Corrente Líquida (RCL) em despesas com pessoal.[8] Quando o município atinge 90% do limite de gastos fixados pela Lei, o TCE-PR emite um alerta referente ao atingimento de tal índice, num ato de ciência ao gestor. Quando o limite atingido é o de 95% da RCL, é emitido um alerta específico, conhecido como alerta prudencial, apontando que devem ser observadas as vedações impostas pelo parágrafo único do artigo 22 da LRF. Atingido 100% do limite, é emitido um alerta informando que a entidade está sob as restrições do artigo 23 da LRF.[9]

Em 01.07.2019 o TCE-PR divulgou informações sobre cumprimento do limite prudencial: no ano de 2017, a Corte expediu alertas para gastos com pessoal acima de 95% do limite fixado para 120 prefeituras, já no ano de 2018 esse número foi de 97 administrações locais.[10]

Como a matéria não indicou os municípios paranaenses alertados e a respectiva população, com base no critério do RGF quadrimestral obrigatório para municípios com mais de 50 mil habitantes,[11] foi elaborada uma tabela a partir de dados estatísticos fornecidos pelo Instituto Brasileiro de Geografia e Estatística (IBGE),[12] para consulta e verificação das despesas com pessoal do respectivo Poder Executivo local no *site* do TCE-PR, conforme listados na Tabela 1.

---

[8] Na forma do inciso II do artigo 18 da IN nº 174/2022 do TCE-PR.

[9] Por determinação da IN nº 56/2011, vigente no tempo do período inicialmente pesquisado. Disponível em: https://www1.tce.pr.gov.br/conteudo/instrucao-normativa-n-56-de-2-de-junho-de-2011/237417/area/249. Acesso em: 12 dez. 2022.

[10] Disponível em: https://www1.tce.pr.gov.br/noticias/numero-de-municipios-com-excesso-de-gastos-com-pessoal-cai-pela-metade-no-pr/7030/N. Acesso em: 16 jan. 2023.

[11] Os quais obrigatoriamente têm que publicar o RGF a cada quadrimestre, apresentando assim, mais dados de transparência, que permitiram a fiscalização do cumprimento dos limites de despesas com pessoal previstos na LRF.

[12] Disponível em: https://www.ibge.gov.br/estatisticas/sociais/populacao/9103-estimativas-de-populacao.html?=&t=resultados. Acesso em: 31 out. 2022.

Tabela 1 – Municípios do Paraná com mais de 50 mil habitantes

Posição	Município	População – habitantes
1º	Curitiba	1.963.726
2º	Londrina	580.870
3º	Maringá	436.472
4º	Ponta Grossa	358.838
5º	Cascavel	336.073
6º	São José dos Pinhais	334.620
7º	Foz do Iguaçu	257.971
8º	Colombo	249.277
9º	Guarapuava	183.755
10º	Paranaguá	157.378
11º	Araucária	148.522
12º	Toledo	144.601
13º	Apucarana	137.438
14º	Campo Largo	135.678
15º	Pinhais	134.788
16º	Arapongas	126.545
17º	Almirante Tamandaré	121.420
18º	Piraquara	116.852
19º	Umuarama	113.416
20º	Cambé	108.126
21º	Fazenda Rio Grande	103.750
22º	Sarandi	98.888
23º	Campo Mourão	96.102
24º	Francisco Beltrão	93.308
25º	Paranavaí	89.454
26º	Pato Branco	84.980
27º	Cianorte	84.774
28º	Telêmaco Borba	80.588
29º	Castro	72.125
30º	Rolândia	68.165
31º	Irati	61.439
32º	União da Vitória	58.298
33º	Ibiporã	55.688
34º	Marechal Cândido Rondon	54.031
35º	Prudentópolis	52.776
36º	Palmas	52.503

Fonte: https://www.ibge.gov.br/estatisticas/sociais/populacao/9103-estimativas-de--populacao.html?=&t=resultados.[13]

---

[13] Acesso em: 31 out. 2022.

Dos municípios constantes da Tabela 1 foi verificado no *site* do TCE-PR[14] que 23 destes receberam alerta prudencial entre os exercícios de 2017 a 2019,[15] num total de 119 alertas emitidos neste período ao Poder Executivo dos municípios com este extrato populacional.

No ano de 2017, a partir dos dados disponíveis no *site* do TCE-PR,[16] foi verificada a emissão de 29 alertas prudenciais[17] para 13 municípios[18] do estado do Paraná com população acima de 50 mil habitantes, conforme a Tabela 2.

Tabela 2 – Alertas prudenciais emitidos para 13 municípios do estado do Paraná com população acima de 50 mil habitantes

(continua)

Município	Período de análise	Data de análise	Data da ciência do alerta 95%	Nº do DETC
Arapongas	1º quadrimestre	20.07.2017	24.07.2017	1640
Arapongas*	1º quadrimestre	20.07.2017	27.04.2018	1815
Campo Largo	1º quadrimestre	04.10.2017	06.10.2017	1693
Guarapuava	1º quadrimestre	31.08.2017	01.09.2017	1670
Toledo	1º quadrimestre	21.07.2017	23.07.2017	1641
União da Vitória	1º quadrimestre	30.06.2017	03.07.2017	1626
Arapongas	2º quadrimestre	05.11.2017	27.04.2018	1815
Campo Largo	2º quadrimestre	04.12.2017	06.12.2017	1731

---

[14] Conforme consta no endereço: https://servicos.tce.pr.gov.br/TCEPR/Municipal/SIMAM/Paginas/ConsultaAlertaDOE.aspx, em que apurou-se que nem todos os 36 municípios constantes da Tabela 1 receberam o denominado alerta prudencial durante o período pesquisado.

[15] Os municípios de Apucarana, Curitiba, Francisco Beltrão, Londrina, Palmas, Pato Branco, Pinhais e Umuarama não receberam nenhum alerta do TCE-PR entre 2017 e 2019, os municípios de Cianorte, Marechal Candido Rondon, Maringá e Paranavaí receberam apenas o alerta 90% durante o período.

[16] Dados disponíveis para consulta no endereço: https://servicos.tce.pr.gov.br/TCEPR/Municipal/SIMAM/Paginas/ConsultaAlertaDOE.aspx.

[17] A pesquisa não encontrou no *site* do TCE-PR o motivo da existência de mais de um ato de alerta prudencial referente a um único quadrimestre para determinados municípios. Foi encaminhado *e-mail* para servidor da Corte, com o seguinte questionamento: "ao consultar o link de relatórios de alertas (AGF) notei que em alguns casos são emitidos mais de um alerta para determinado município referente ao mesmo quadrimestre, como no exemplo abaixo: [...] Qual a razão do Município de Guarapuava ter recebido três alertas referentes ao 1º quadrimestre do exercício de 2018?". O *e-mail* não foi respondido até a conclusão da dissertação que deu origem a este livro.

[18] Municípios alertados em 2017: Arapongas, Cambé, Campo Largo, Campo Mourão, Castro, Colombo, Foz do Iguaçu, Guarapuava, Ponta Grossa, Prudentópolis, Sarandi, Toledo e União da Vitória.

(conclusão)

Município	Período de análise	Data de análise	Data da ciência do alerta 95%	Nº do DETC
Campo Mourão	2º quadrimestre	11.11.2017	13.11.2017	1715
Colombo	2º quadrimestre	13.11.2017	14.11.2017	1716
Ponta Grossa	2º quadrimestre	09.10.2017	10.10.2017	1696
Prudentópolis	2º quadrimestre	06.10.2017	10.10.2017	1696
Toledo	2º quadrimestre	18.10.2017	19.10.2017	1700
União da Vitória	2º quadrimestre	29.10.2017	30.10.2017	1707
União da Vitória*	2º quadrimestre	16.11.2017	17.11.2017	1718
Arapongas	3º quadrimestre	16.03.2018	27.04.2018	1815
Cambé	3º quadrimestre	14.03.2018	19.03.2018	1786
Campo Largo	3º quadrimestre	06.04.2018	10.04.2018	1801
Campo Mourão	3º quadrimestre	06.04.2018	09.04.2018	1801
Castro	3º quadrimestre	22.02.2018	23.02.2018	1772
Castro**	3º quadrimestre	28.02.2018	05.03.2018	1776
Castro**	3º quadrimestre	18.03.2018	21.03.2018	1788
Colombo	3º quadrimestre	12.04.2018	16.04.2018	1806
Colombo*	3º quadrimestre	14.05.2018	16.05.2018	1826
Foz do Iguaçu	3º quadrimestre	01.04.2018	02.04.2018	1796
Ponta Grossa	3º quadrimestre	17.06.2018	18.06.2018	1847
Prudentópolis	3º quadrimestre	30.03.2018	03.04.2018	1796
Sarandi	3º quadrimestre	03.04.2018	04.04.2018	1798
Toledo	3º quadrimestre	03.04.2018	04.04.2018	1798

Fonte: elaboração própria do autor a partir de dados obtidos no *site* do TCE-PR.[19] Total de alertas 95% em 2017: 29. DETC – Diário eletrônico do Tribunal de Contas.
*RGF analisado duas vezes no quadrimestre. **RGF analisado 03 vezes no quadrimestre.

Elaborado um relatório de alertas referentes ao exercício de 2018, constatou-se que foram emitidos 40 alertas para 17 Poderes Executivos de municípios com mais de 50 mil habitantes.

---

[19] Disponível em: https://www.ibge.gov.br/estatisticas/sociais/populacao/9103-estimativas-de-populacao.html?=&t=resultados. Acesso em: 31 out. 2022.

Tabela 3 – Alertas prudenciais emitidos para municípios do estado do Paraná com população acima de 50 mil habitantes em 2018

(continua)

Município	Período de análise	Data de análise do RGF	Data da ciência do alerta 95%	Nº do DETC
Almirante Tamandaré	1º quadrimestre	26.07.2018	27.07.2018	1875
Arapongas	1º quadrimestre	19.07.2018	23.07.2018	1870
Arapongas**	1º quadrimestre	19.07.2018	14.08.2018	1887
Arapongas**	1º quadrimestre	19.07.2018	15.08.2018	1888
Araucária	1º quadrimestre	15.11.2018	18.11.2018	2188
Castro	1º quadrimestre	02.08.2018	06.08.2018	1881
Castro**	1º quadrimestre	02.08.2018	14.08.2018	1887
Castro**	1º quadrimestre	02.08.2018	15.08.2018	1888
Colombo	1º quadrimestre	14.08.2018	15.08.2018	1888
Guarapuava	1º quadrimestre	22.07.2018	24.07.2018	1871
Guarapuava**	1º quadrimestre	22.07.2018	14.08.2018	1887
Guarapuava**	1º quadrimestre	22.07.2018	15.08.2018	1888
Irati	1º quadrimestre	30.08.2018	31.08.2018	1900
Paranaguá	1º quadrimestre	09.11.2018	12.11.2018	1948
Ponta Grossa	1º quadrimestre	28.09.2018	30.09.2019	2134
Prudentópolis	1º quadrimestre	04.07.2018	05.07.2018	1859
Prudentópolis**	1º quadrimestre	19.07.2018	22.08.2018	1887
Prudentópolis**	1º quadrimestre	19.07.2018	22.08.2018	1888
Sarandi	1º quadrimestre	22.07.2018	23.07.2018	1871
Sarandi**	1º quadrimestre	22.07.2018	14.08.2018	1887
Sarandi**	1º quadrimestre	22.07.2018	15.08.2018	1888
Telêmaco Borba	1º quadrimestre	21.07.2018	25.07.2018	1871
Telêmaco Borba**	1º quadrimestre	21.07.2018	14.08.2018	1887
Telêmaco Borba**	1º quadrimestre	21.07.2018	15.08.2018	1888
Toledo	1º quadrimestre	21.07.2018	23.07.2018	1871
Toledo**	1º quadrimestre	21.07.2018	21.08.2018	1887
Toledo**	1º quadrimestre	21.07.2018	21.08.2018	1888
Campo Mourão	2º quadrimestre	04.11.2018	05.11.2018	1943
Colombo	2º quadrimestre	28.10.2018	30.10.2018	1940
Guarapuava	2º quadrimestre	07.11.2018	08.11.2018	1946
Paranaguá	2º quadrimestre	27.12.2018	03.11.2019	1973
Piraquara	2º quadrimestre	03.11.2018	05.11.2018	1943
Ponta Grossa	2º quadrimestre	07.12.2018	30.08.2019	2134
Toledo	2º quadrimestre	06.11.2018	08.11.2018	1945
União da Vitória	2º quadrimestre	28.10.2018	31.10.2018	1940
Campo Mourão	3º quadrimestre	03.04.2019	04.04.2019	2033
Cascavel	3º quadrimestre	24.03.2019	25.03.2019	2025
Colombo	3º quadrimestre	09.04.2019	10.04.2019	2037

(conclusão)

Município	Período de análise	Data de análise do RGF	Data da ciência do alerta 95%	Nº do DETC
Colombo*	3º quadrimestre	06.06.2019	18.06.2019	2080
Foz do Iguaçu	3º quadrimestre	23.03.2019	25.03.2019	2025
Guarapuava	3º quadrimestre	16.03.2019	18.03.2019	2020

Fonte: elaboração própria do autor a partir de dados obtidos no *site* do TCE-PR. Total de alertas 95% em 2018: 40. DETC – Diário Eletrônico do Tribunal de Contas do Estado do Paraná.
*RGF analisado duas vezes durante o quadrimestre. **RGF analisado três vezes durante quadrimestre.

Por fim, no exercício de 2019 foram emitidos 41 alertas em desfavor de 13 municípios[20] acima de 50 mil habitantes,[21] conforme análises elencadas na Tabela 4.

Tabela 4 – Alertas prudenciais emitidos para municípios do Estado do Paraná com população acima de 50 mil habitantes em 2019

(continua)

Município	Período de análise	Data de análise	Data da ciência do alerta 95%	Nº do DETC
Cascavel	1º quadrimestre	19.07.2019	31.07.2019	2112
Colombo	1º quadrimestre	03.08.2019	05.08.2019	2115
Foz do Iguaçu	1º quadrimestre	17.06.2019	18.06.2019	2083
Guarapuava	1º quadrimestre	25.07.2019	28.07.2019	2109
Guarapuava*	1º quadrimestre	25.07.2019	31.07.2019	2112
Ibiporã	1º quadrimestre	17.07.2019	18.07.2019	2103
Ibiporã*	1º quadrimestre	17.07.2019	31.07.2019	2112
Piraquara	1º quadrimestre	26.06.2019	27.06.2019	2088
Piraquara*	1º quadrimestre	26.06.2019	31.07.2019	2112
Prudentópolis	1º quadrimestre	20.07.2019	22.07.2019	2105
Prudentópolis*	1º quadrimestre	20.07.2019	01.08.2019	2112
Rolândia	1º quadrimestre	24.06.2019	25.06.2019	2086
Rolândia**	1º quadrimestre	02.07.2019	04.07.2019	2093

---

[20] Municípios alertados em 2019: Araucária, Cambé, Cascavel, Colombo, Fazenda Rio Grande, Foz do Iguaçu, Guarapuava, Ibiporã, Piraquara, Ponta Grossa, Prudentópolis, Rolândia e União da Vitória.

[21] Chamando a atenção o fato de que em seis ocasiões ocorreu a análise por duas vezes de um único RGF, ocorrida a análise por seis vezes do RGF do município de Ponta Grossa referente ao 3º quadrimestre do exercício.

(conclusão)

Município	Período de análise	Data de análise	Data da ciência do alerta 95%	Nº do DETC
Rolândia**	1º quadrimestre	21.07.2019	31.07.2019	2112
Araucária	2º quadrimestre	16.03.2020	17.03.2020	2262
Cambé	2º quadrimestre	26.09.2019	27.09.2019	2154
Cambé*	2º quadrimestre	03.10.2019	04.10.2019	2159
Colombo	2º quadrimestre	31.10.2019	07.11.2019	2179
Fazenda Rio Grande	2º quadrimestre	01.10.2019	03.10.2019	2157
Guarapuava	2º quadrimestre	31.10.2019	01.11.2019	2179
Ibiporã	2º quadrimestre	27.10.2019	28.10.2019	2175
Piraquara	2º quadrimestre	17.10.2019	18.10.2019	2169
Prudentópolis	2º quadrimestre	01.11.2019	04.11.2019	2179
Rolândia	2º quadrimestre	03.10.2019	04.10.2019	2159
São José dos Pinhais	2º quadrimestre	31.10.2019	01.11.2019	2179
Cambé	3º quadrimestre	17.02.2020	18.02.2020	2245
Cascavel	3º quadrimestre	08.03.2020	09.03.2020	2256
Cascavel*	3º quadrimestre	08.06.2020	10.06.2020	2318
Colombo	3º quadrimestre	29.03.2020	30.03.2020	3270
Fazenda Rio Grande	3º quadrimestre	20.03.2020	07.04.2020	2265
Fazenda Rio Grande	3º quadrimestre	09.06.2020	15.06.2020	2318
Guarapuava	3º quadrimestre	05.03.2020	06.03.2020	2255
Guarapuava*	3º quadrimestre	07.04.2020	08.04.2020	2277
Ibiporã	3º quadrimestre	08.03.2020	09.03.2020	2256
Ponta Grossa***	3º quadrimestre	14.02.2020	18.02.2020	2243
Ponta Grossa***	3º quadrimestre	28.02.2020	02.03.2020	2250
Ponta Grossa***	3º quadrimestre	21.03.2020	24.03.2020	2266
Ponta Grossa***	3º quadrimestre	21.03.2020	01.04.2020	2272
Ponta Grossa***	3º quadrimestre	30.04.2020	30.04.2020	2289
Ponta Grossa***	3º quadrimestre	05.05.2020	06.05.2020	2293
União da Vitória	3º quadrimestre	08.03.2020	12.03.2020	2256

Fonte: elaboração própria do autor a partir de dados obtidos no site do TCE-PR. Total de alertas 95% em 2019: 41. DETC – Diário Eletrônico do Tribunal de Contas do Estado do Paraná.
*RGF analisado duas vezes no quadrimestre.
**RGF analisado três vezes no quadrimestre.
***RGF analisado 06 vezes no quadrimestre.

Ou seja, os dados levantados apenas nessa parcela de municípios paranaenses durante 3 diferentes exercícios financeiros indicam que ultrapassar o limite prudencial é um fato normal nestas Prefeituras do Estado do Paraná, sendo comum permanecer acima de 95% da RCL por mais de um quadrimestre seguido, revelando um problema da Administração Pública municipal que deve ser analisado.

Luciano Silva Costa Ramos[22] indica que a permanência acima dos limites fixados pela LRF é recorrente:

> Destarte, não raramente, verifica-se que entes da Federação, poderes e órgãos sujeitos à Lei de Responsabilidade Fiscal permanecem indefinidamente além dos limites de gastos com pessoal, sem que se sejam obrigados – nem mesmo no âmbito do controle externo exercido pelos Tribunais de Contas – a retornar essas despesas a patamares compatíveis com a gestão fiscal responsável.
>
> De fato, observa-se que em inúmeros casos os Tribunal de Contas não exigiram efetivamente nem tão pouco acompanharam a adoção das medidas de contenção previstas para a hipótese de superação dos limites de alerta e prudencial.

Ultrapassar o limite prudencial pode comprometer a gestão fiscal responsável perseguida pela LRF, demonstrando a relevância do artigo 22 da Lei.

Por outro lado, verifica-se que as vedações impostas pelo parágrafo único do artigo 22 da Lei de Responsabilidade Fiscal não são objeto de maiores estudos ou pesquisas acadêmicas.[23]

Vez que a LRF não prevê nenhuma consequência ao Poder ou órgão que permanecer por mais de um período de apuração acima do limite prudencial, a fiscalização da implementação das vedações constantes no parágrafo único do artigo 22 da LRF pelos Tribunais de Contas pode impedir que se exceda o limite total previsto na Lei de Responsabilidade Fiscal, além de atuar de forma repressiva nos casos em que for comprovado o descumprimento das vedações impostas.

---

[22] RAMOS, Luciano Silva Costa. *Regime jurídico do controle de despesas com pessoal.* 2020. Tese (Doutorado em Direito Econômico e Financeiro) – Faculdade de Direito, Universidade de São Paulo, São Paulo, 2020. p. 153. DOI: 10.11606/T.2.2020.tde-22032021-201259. Acesso em: 25 abr. 2022.

[23] Pesquisa realizada pelo autor no catálogo de teses da Capes indicou a existência de 35 trabalhos de pós-graduação com o indexador "despesas com pessoal"; 01 trabalho com o indexador "limite prudencial" e os indexadores "excesso de despesas com pessoal" e "artigo 22 da Lei de Responsabilidade Fiscal" não tem registro de trabalhos na plataforma. Consulta realizada no endereço eletrônico https://catalogodeteses.capes.gov.br/catalogo-teses/#!/.

Porém, é importante que a fiscalização da norma se realize de maneira mais concomitante possível com a realização da despesa com pessoal, para que efetivada a gestão fiscal responsável, um dos objetivos da LRF.

Dessa forma, o questionamento que se propõe responder neste trabalho é como o Tribunal de Contas do Estado do Paraná fiscaliza o cumprimento das vedações impostas pelo parágrafo único do artigo 22 da LRF[24] nas prefeituras municipais quando estas ultrapassam o índice de 95% de sua RCL em gastos com pessoal e o que pode ser proposto para aprimorar essa fiscalização.

No desenvolvimento da pesquisa, além desta introdução, o capítulo 2 tratará do modelo do controle da despesa com pessoal imposto pela LRF, com o histórico da imposição de limites dos gastos com pessoal anteriores à sua edição, os conceitos de despesa obrigatória de caráter continuado e de despesa total com pessoal e os respectivos limites, abordando também o artigo 22 da LRF, o qual fixa o limite prudencial e as vedações que devem ser observadas no caso deste ser ultrapassado, já o capítulo 3 aborda o papel do Tribunal de Contas, também sob a ótica da Lei de Responsabilidade Fiscal.

No capítulo 4 será exposta a metodologia utilizada; o capítulo 5 trará a compilação e a análise dos dados obtidos na pesquisa. No capítulo 6 apresenta-se uma proposta de aprimoramento da fiscalização por meio do uso do Apontamento Preliminar de Acompanhamento – APA – e, por fim, no capítulo 7 estão as conclusões da pesquisa.

---

[24] Parágrafo único. Se a despesa total com pessoal exceder a 95% (noventa e cinco por cento) do limite, são vedados ao Poder ou órgão referido no art. 20 que houver incorrido no excesso:
I - concessão de vantagem, aumento, reajuste ou adequação de remuneração a qualquer título, salvo os derivados de sentença judicial ou de determinação legal ou contratual, ressalvada a revisão prevista no inciso X do art. 37 da Constituição;
II - criação de cargo, emprego ou função;
III - alteração de estrutura de carreira que implique aumento de despesa;
IV - provimento de cargo público, admissão ou contratação de pessoal a qualquer título, ressalvada a reposição decorrente de aposentadoria ou falecimento de servidores das áreas de educação, saúde e segurança;
V - contratação de hora extra, salvo no caso do disposto no inciso II do § 6o do art. 57 da Constituição e as situações previstas na lei de diretrizes orçamentárias.

CAPÍTULO 2

O MODELO DE CONTROLE DA DESPESA COM PESSOAL INSTITUÍDO PELA LEI DE RESPONSABILIDADE FISCAL

2.1 Histórico da limitação da despesa com pessoal e o advento da Lei de Responsabilidade Fiscal

A Constituição Federal previu expressamente, no seu artigo 163, a edição de uma lei complementar sobre finanças públicas, assim enunciadas na sua redação original:

> Art. 163. Lei complementar disporá sobre:
> I - finanças públicas;
> II - dívida pública externa e interna, incluída a das autarquias, fundações e demais entidades controladas pelo Poder Público;
> III - concessão de garantias pelas entidades públicas;
> IV - emissão e resgate de títulos da dívida pública;
> V – fiscalização das instituições financeiras;
> VI - operações de câmbio realizadas por órgãos e entidades da União, dos Estados, do Distrito Federal e dos Municípios; (...).

Antes da promulgação da Constituição Federal de 1988 a questão da limitação da despesa com pessoal foi objeto de normatização na Constituição de 1967 e na Emenda Constitucional nº 1, de 1969.

Anteriormente, os outros textos constitucionais não fixaram limites para a despesa com pessoal. Fernando Álvares Correia Dias[25] aponta que a Constituição da República de 1891 estabelecia competência

---

[25] DIAS, Fernando Álvares Correia. *O controle institucional das despesas com pessoal*. p. 3. Disponível em: https://www12.senado.leg.br/publicacoes/estudos-legislativos/tipos-de-estudos/

privativa ao Congresso Nacional para a criação, supressão, atribuições e vencimentos em relação a União, competência mantida na Constituição de 1934 (com o reconhecimento da estabilidade após 10 anos de efetivo exercício). O autor ainda pontua que a redemocratização imposta pela Constituição de 1946 ampliou os direitos do funcionalismo, sem se preocupar com o controle do gasto com pessoal.

A Constituição de 1967 fixou no §4º do artigo 66 o limite para a despesa com pessoal em 50% da receita corrente para União, Estados e Municípios, e o dispositivo foi suprimido pela Emenda Constitucional nº 1/1969, com Dias[26] destacando que:

> A Emenda Constitucional nº 1, de 1969, previu em seu art. 64 que "Lei complementar estabelecerá os limites para as despesas de pessoal da União, dos Estados e dos Municípios". Esse dispositivo demonstra a preocupação do governo com o equilíbrio orçamentário e com o controle das despesas, embora, por não ter sido regulamentado, não teve aplicabilidade. Em relação aos funcionários públicos, a nomeação para cargo efetivo passou a exigir prévia aprovação em concurso público e foi vedada a acumulação remunerada de cargos, embora com exceções semelhantes às atuais.

A Constituição Federal de 1988, ao tratar do tema no seu artigo 169, remeteu a edição de lei complementar sobre a matéria ("a despesa com pessoal ativo e inativo e pensionistas da União, dos Estados, do Distrito Federal e dos Municípios não pode exceder os limites estabelecidos em lei complementar") enquanto o artigo 38 do Ato das Disposições Constitucionais Transitórias (ADCT) limitou a despesa com pessoal da União, Estados, Distrito Federal e Municípios em 65% (sessenta e cinco por cento) de suas respectivas receitas correntes, conforme destaca Weder de Oliveira.[27]

Também foram determinadas providências para União, Estados, Distrito Federal e Municípios cumprirem o limite das despesas com pessoal, incluindo a redução de, pelo menos, 20% das despesas com cargos em comissão e funções de confiança, a exoneração de servidores não estáveis e, no caso de tais medidas não sejam suficientes para assegurar o cumprimento do limite, a perda do cargo para os servidores

---

textos-para-discussao/td-54-o-controle-institucional-das-despesas-com-pessoal. Acesso em: 24 set. 2022.

[26] DIAS, Fernando Álvares Correia. *Op. cit.* p. 3.
[27] OLIVEIRA, Weder de. *O equilíbrio das finanças públicas... Op. cit.* p. 412.

estáveis, sendo destacado por Júlio Cesar Pause[28] que tal medida foi regulamentada pela Lei Federal nº 9.801/99.

O limite estabelecido pelo artigo 38 do ADCT para as despesas com pessoal perdurou até a edição da primeira lei complementar específica sobre a matéria, o que ocorreria alguns anos depois, mediante a Lei Complementar nº 82/95, que ficou conhecida como Lei Camata I. De acordo com Dias:[29]

> A necessidade de efetivo controle das despesas com pessoal, no entanto, só passaria a ser imperiosa após a implementação do Plano Real em 1994. Até então, a alta taxa de inflação permitia que o setor público ajustasse suas contas com relativa facilidade. Isso era possível porque o valor real das despesas sofria o efeito da erosão inflacionária e, assim, o governo podia controlar seus gastos adiando reajustes ou postergando o efetivo pagamento. Por outro lado, a indexação dos tributos permitia o crescimento real das receitas. Cessados os efeitos da inflação, tornou-se imprescindível o controle das despesas nominais por meio das reformas constitucionais e da legislação infraconstitucional.

A LC nº 82/95, de estrutura enxuta (possuía apenas 03 artigos), limitou o gasto com pessoal da União, Estados, Distrito Federal e Municípios em 60% da respectiva receita corrente, deduzindo, para o caso da União os valores "correspondentes às transferências por participações, constitucionais e legais dos Estados, Distrito Federal e Municípios na arrecadação de tributos de competência da União, bem como as receitas de que trata o art. 239 da Constituição Federal" e também os valores às despesas do Regime Geral de Previdência Social (RGPS) (inciso I, art. 1º, LC nº 82/95).

No que diz respeito à receita corrente dos Estados e Distrito Federal, a Lei Camata I deduzia "os valores das transferências por participações, constitucionais e legais, dos Municípios na arrecadação de tributos de competência dos Estados" (inciso II, art. 1º, LC nº 82/95).

O §1º do artigo 1º da Lei Camata I inovava ao estabelecer um prazo de retorno para os limites previstos, caso extrapolados, que seria

---

[28] PAUSE, Júlio César Fucilini. A Lei de Responsabilidade Fiscal e os mecanismos de controle das despesas com pessoal aplicáveis aos Municípios: uma visão panorâmica. *In*: FIRMO FILHO, Alípio Reis; WARPECHOWSKI, Ana Cristina Moraes; RAMOS FILHO, Carlos Alberto de Moraes (Coord.). *Responsabilidade na gestão fiscal*: estudos em homenagem aos 20 anos da Lei Complementar nº 101/2000. Belo Horizonte: Fórum, 2020. p. 314.

[29] DIAS, Fernando Álvares Correia. *Op. cit.* p. 4.

de 03 exercícios financeiros, devendo ocorrer a redução de no mínimo um terço do excedente por exercício.

O §2º do artigo 1º estabeleceu um mecanismo de transparência e fiscalização dos limites, ao estabelecer que

> a União, os Estados, o Distrito Federal e os Municípios publicarão, até trinta dias após o encerramento de cada mês, demonstrativo da execução orçamentária, do mês e até o mês, explicitando, de forma individualizada, os valores de cada item considerado para efeito do cálculo das receitas correntes líquidas, das despesas totais com pessoal e consequentemente, da referida participação.

Já o §3º do artigo 1º impôs vedações aos Poderes Executivos, impedindo expressamente "até que a situação se regularize, quaisquer revisões, reajustes ou adequações que impliquem aumento de despesas" para os órgãos das três esferas do Executivo que descumprissem os limites estabelecidos nos incisos I, II e III do artigo.

Em 1999 ocorreu a edição de uma nova legislação sobre o tema, constante da Lei Complementar nº 96/99, conhecida como Lei Camata II[30] (publicada em 31.05.1999), que disciplinava apenas os limites de despesas com pessoal, regulamentando o artigo 169 da Constituição Federal.

Dias[31] expõe as razões da mudança:

> As principais mudanças em relação à Lei Camata I foram: a redução do limite global da União para 50%, a definição mais precisa dos conceitos e a imposição de sanções amplas, em especial as introduzidas pela EC nº 19, de 1998. Os mecanismos de *enforcement* dessa lei, como a suspensão dos repasses federais e estaduais e a vedação à concessão de garantia da União e à contratação de operação de crédito, permitiriam pela primeira vez uma regra fiscal coordenada para todos os entes da Federação. Essa é a principal característica trazida pela lei, já que a legislação anterior carecia de instrumentos para tornar efetiva a aplicação dos limites.

A Lei Camata II pela primeira vez considerou como base de cálculo para os gastos com pessoal a receita corrente líquida tanto da União quanto nos Estados, Distrito Federal e Municípios (art. 1º, in-

---

[30] A LC nº 82/95 e nº 96/99 ficaram conhecidas por Leis Camata devido ao fato da primeira ter se originado a partir de projetos de lei proposto pela então Deputada Federal Rita Camata, parlamentar do Estado do Espírito Santo.
[31] DIAS, Fernando Álvares Correia. *Op. cit.* p. 5.

cisos I, II e III), bem como positivou restrições que mais tarde seriam adotadas pela LRF. Transcritas no art. 3º da LC nº 96/99, tais restrições vedavam uma série de atos que poderiam elevar a despesa com pessoal, a serem observados quando ocorresse a extrapolação do limite total de gastos com pessoal, que permaneceram fixados em 60% para Estados, Distrito Federal e Municípios.

A Lei Camata II teve curto período de vigência, considerando-se que a LC nº 101/00 foi publicada em 04.05.2000.

No meio tempo entre a Lei Camata II e o encaminhamento do projeto de lei que culminou com a aprovação da LRF foi instituído o Programa de Estabilidade Fiscal (PEF), que teve como objetivos a redução do déficit público e a estabilização da dívida pública em relação ao Produto Interno Bruto (PIB), conforme destacou Evandro Martins Guerra.[32]

Referente ao projeto da LRF, José Roberto Afonso[33] aponta que

> O objetivo do projeto da LRF, no âmbito do chamado Programa de Estabilidade Fiscal de 1998, era construir a médio e longo prazos um novo padrão de gestão fiscal que permitisse abandonar as práticas e políticas fiscais marcadas por visão e atuação mais urgente que acompanhavam o programa, mas que, naturalmente, se era obrigado a adotar na ocasião diante da gravidade da crise econômica...

Sobre a tecnicidade da Lei, no que diz respeito aos objetivos gerais da LRF, Weder de Oliveira[34] assim destaca:

> Os objetivos da Lei de Responsabilidade Fiscal qualificam-se como macroeconômicos, financeiros e orçamentários. Visam à prevenção de déficits "imoderados e recorrentes" (na expressão da mensagem ministerial) e ao controle da dívida pública. O propugnado equilíbrio intertemporal das finanças públicas encontra expressão normativa no §1º do art. 1º, explicitado como pressuposto na responsabilidade na gestão fiscal.

---

[32] GUERRA, Evandro Martins. *Controle Externo da Administração Pública*. 4. ed. Belo Horizonte: Fórum, 2019. p. 240.
[33] AFONSO, José Roberto. *Responsabilidade Fiscal*: uma memória da lei. p. 6. Disponível em: https://fgvprojetos.fgv.br/publicacao/responsabilidade-fiscal-uma-memoria-da-lei#:~:text=A%20publica%C3%A7%C3%A3o%20Responsabilidade%20Fiscal%20no,que%20marcaram%20a%20ado%C3%A7%C3%A3o%20dessa. Acesso em: 24 set. 2022.
[34] OLIVEIRA, Weder de. *Curso... Op. cit.* p. 49.

Complementando que:

> Visando esses objetivos, a LRF foi erigida sobre seis pilares normativos, denominação que se pode atribuir aos conjuntos de disposições sobre: 1) dívida e endividamento: realização e operações de crédito, limites e controle; 2) planejamento macroeconômico, financeiro e orçamentário: metas fiscais, acompanhamento e controle da execução orçamentária; 3) despesas com pessoal: limites e formas de controle, validade dos atos dos quais resulte aumento de despesa; 4) despesas obrigatórias: compensação de efeitos financeiros; regras específicas para as despesas da seguridade social; 5) receita pública: concessão de benefícios tributários e transparência da administração tributária; 6) transparência, controle social e fiscalização: produção e divulgação de informações, participação popular, atuação dos tribunais de contas. E, como um sétimo pilar, a Lei nº 10.028, de 19.10.2000, que tipifica crimes e infrações administrativas relacionadas às normas da LRF.[35]

A Lei de Responsabilidade Fiscal teve o objetivo de impor limites e controles aos gastos públicos da União, Estados, Distrito Federal e Municípios possuindo, de acordo com Evandro Martins Guerra[36] "quatro estruturações básicas, quais sejam: o planejamento, a transparência, o controle e a responsabilização".

O ambiente político durante a criação da LRF foi conturbado: a proposta legislativa contava com apoio dos Governadores dos Estados, com os Prefeitos se demonstrando contrários, "pressionando os deputados e senadores contra a aprovação da lei, por de meio de marchas até Brasília, para fazer pressão sobre os parlamentares", conforme demonstrou Cristiane Kerches da Silva Leite[37] em artigo sobre o contexto histórico da criação da LRF..

José Roberto Afonso[38] destaca que, por ocasião da discussão do projeto da LRF:

> Os representantes dos governos estaduais, em particular, foram os que mais pediram para que se mudasse a lei então vigente e se inovasse ao fixar sublimites por Poder (aliás, os governos mineiro e alagoano foram

---

[35] OLIVEIRA, Weder de. *Curso... Op. cit.* p. 49.
[36] GUERRA, Evandro Martins. *Op. cit.* p. 243.
[37] LEITE, Cristiane Kerches da Silva. *Federalismo, processo decisório e ordenamento fiscal*: a criação da Lei de Responsabilidade Fiscal. Texto para Discussão, nº 1593. Instituto de Pesquisa Econômica Aplicada (IPEA), Brasília. 2011. p. 22. Disponível no endereço: https://www.econstor.eu/bitstream/10419/91223/1/664245242.pdf. Acesso em: 25 set. 2022.
[38] AFONSO, José Roberto. *Op. cit.* p. 6.

os principais defensores da proposta e, na época, seus governadores faziam oposição ao governo federal).

Há que se destacar que entre a publicação no Plenário da Câmara dos Deputados e a publicação da LC nº 101/00 transcorreram 13 meses, resultando num processo legislativo célere para os padrões brasileiros, conforme destacou Cristiane Leite.[39] O projeto original contava com 110 artigos, sendo reduzido para 75 artigos durante a tramitação no Congresso Nacional.

Referente a legística formal da LRF, Domingos Taufner[40] aponta que

> Um detalhe a ser observado na LRF é a sua redação elaborada de maneira cuidadosa, com o objetivo de evitar problemas de interpretação. Mesmo assim eles existem, mas poderiam ser mais numerosos caso a referida lei fosse mal redigida. Isso está bem explícito logo no seu início, que contém muitos dispositivos de natureza conceitual, especialmente para definir palavras que podem causar polêmica. Exemplo disso é o art. 2º, I, que define como entes da Federação, para fins da LRF, a União, cada Estado, o Distrito Federal e cada Município. Isso é importante, pois existe uma parte significativa da doutrina que entende não ser o Município ente da federação por não preencher todos os pressupostos necessários a tal designação, sendo que também existem questionamentos no tocante à posição do Distrito Federal.[41]

Com a edição da LRF, entre as inovações trazidas referentes ao controle das despesas com pessoal, a principal foi a repartição dos limites globais entre os Poderes e órgãos autônomos, como o Tribunal de Contas e o Ministério Público, e tal medida agradou os Governadores de Estado, conforme apontou Leite.[42]

Logo após a publicação da lei, surgiram diversas falhas no entendimento sobre os objetivos da LRF, que foram propagadas pelo meio político e pela imprensa, conforme destaca Weder de Oliveira:[43]

---

[39] LEITE, Cristiane Kerches da Silva. Op. cit. p. 19.
[40] TAUFNER, Domingos Augusto. Op. cit. p. 186/187.
[41] Para Domingos Taufner (op. cit. p. 187) a importância da definição legal do conceito de entes da federação no artigo 2º da LRF se deu para evitar questionamentos judicialmente dos municípios e do Distrito Federal para não cumprir os dispositivos da Lei.
[42] LEITE, Cristiane Kerches da Silva. Op. cit. p. 22.
[43] OLIVEIRA, Weder de. Curso... Op. cit. p. 40.

Nos primeiros anos de vigência da LRF, importantes jornais e revistas divulgaram informações e afirmações que pareciam ter (mas não tinham) correspondência real com o texto da lei:
Doravante, a União, os estados e os municípios não podem gastar mais do que arrecadam.
Acabou essa história de o prefeito deixar dívida para o seu sucessor.
Votada em maio pelo Congresso, a Lei de Responsabilidade Fiscal prevê limites de endividamento e investimento na administração pública.
O texto definiu 100 tipos de má conduta enquadrados como crime, tais como gastar mais do que arrecada, aumentar despesas sem compensá-las com cortes, iniciar obras sem ter dinheiro para concluí-las, gastar em excesso com funcionalismo ou não divulgar metas fiscais.
Os orçamentos municipais estarão à mercê do cumprimento da nova lei, que obriga o saneamento das contas e transforma em crime penal o não pagamento das dívidas.
A Lei de Responsabilidade Fiscal fixa limites de expansão das despesas continuadas.
Se a Lei de Responsabilidade Fiscal estivesse em vigor, o desvio de verbas na construção do prédio do TRT de São Paulo não teria acontecido.

Cumpre destacar que muitas de tais falhas no entendimento ainda perduram atualmente, como a questão da União, Estados e Municípios não poderem gastar mais que arrecadam, bem como a herança de dívidas públicas aos administradores sucessores, com pequenos ajustes de história, mas que prevalecem sobre a verdadeira essência da LRF.

No decorrer dos anos, a LRF se demonstrou efetiva e eficiente nos mais diversos setores da administração pública, em especial nos municípios, onde a observância do limite total de despesas com pessoal é um fator preponderante para a realização de operações de crédito, diante das disposições do artigo 23 que impõem restrições financeiras para o Poder que ultrapassar o limite e não reduzir o excesso dentro do prazo fixado.

Seguindo as premissas fixadas anteriormente pelas Leis Camata I e II, a LRF estabeleceu limites e mecanismos técnicos e jurídicos[44] para evitar o descontrole das despesas com pessoal, cuja extrapolação poderia inviabilizar investimentos em educação, saúde, segurança ou

---

[44] Exemplo de mecanismos técnicos são as determinações constantes do artigo 16, 17 e 21 da LRF, que se não observados podem tornar as despesas não autorizadas, irregulares, lesivas ao patrimônio público e nulas de pleno direito.

infraestrutura, por exemplo, conforme destacam Jayme Jr., Santolin e Reis,[45] ou em projetos sociais, como apontou Domingos Taufner.[46]

Como o gasto com pessoal é uma despesa obrigatória de caráter continuado, necessário abordar como a LRF disciplina tal questão, principalmente a geração da despesa pública.

2.2 Conceito de despesa obrigatória de caráter continuado

A geração de despesa é disciplinada nos artigos 15 e 16 da LRF. O artigo 17 da LRF conceitua despesa pública obrigatória de caráter continuado, impondo os requisitos para sua criação e validade:

> Art. 17. Considera-se obrigatória de caráter continuado a despesa corrente derivada de lei, medida provisória ou ato administrativo normativo que fixem para o ente a obrigação legal de sua execução por um período superior a dois exercícios.
> §1º Os atos que criarem ou aumentarem despesa de que trata o *caput* deverão ser instruídos com a estimativa prevista no inciso I do art. 16 e demonstrar a origem dos recursos para seu custeio.
> §2º Para efeito do atendimento do §1º, o ato será acompanhado de comprovação de que a despesa criada ou aumentada não afetará as metas de resultados fiscais previstas no anexo referido no §1º do art. 4º, devendo seus efeitos financeiros, nos períodos seguintes, ser compensados pelo aumento permanente de receita ou pela redução permanente de despesa.
> §3º Para efeito do §2º, considera-se aumento permanente de receita o proveniente da elevação de alíquotas, ampliação da base de cálculo, majoração ou criação de tributo ou contribuição.
> §4º A comprovação referida no §2º, apresentada pelo proponente, conterá as premissas e metodologia de cálculo utilizadas, sem prejuízo do exame de compatibilidade da despesa com as demais normas do plano plurianual e da lei de diretrizes orçamentárias.
> §5º A despesa de que trata este artigo não será executada antes da implementação das medidas referidas no §2º, as quais integrarão o instrumento que a criar ou aumentar.

---

[45] JAYME JUNIOR, Frederico Gonzaga; SANTOLIN, Roberto; REIS, Júlio Cesar dos. *Lei de Responsabilidade Fiscal e implicações na despesa com pessoal e de investimento nos municípios mineiros*: um estudo com dados em painel dinâmico. Disponível no endereço: https://doi.org/10.1590/S0101-41612009000400008. Acesso em: 09 dez. 2022.
[46] TAUFNER, Domingos Augusto. *Op. cit.* p. 184.

§6º O disposto no §1º não se aplica às despesas destinadas ao serviço da dívida nem ao reajustamento de remuneração de pessoal de que trata o inciso X do art. 37 da Constituição.

§7º Considera-se aumento de despesa a prorrogação daquela criada por prazo determinado.

Conforme destaca Weder de Oliveira,[47] o artigo 17 da LRF tem origem no *Budget Enforcement Act* norte-americano e se constituiu na "inovação mais substancial da LRF, sem paralelo na experiência legislativa e orçamentária brasileira". Consideramos que tal essência se calca numa relação em que não pode haver uma despesa permanente sem a existência de um financiamento permanente..

Weder de Oliveira[48] define a despesa obrigatória de caráter continuado como:

> a despesa decorrente de lei ou medida provisória que atribui direitos aos que atenderam critério de elegibilidade, fixando para o ente federativo a obrigatoriedade de destinar recursos ao cumprimento das obrigações, nos montantes necessários, independente de considerações sobre disponibilidade orçamentária.

Tendo em vista que os cargos públicos, em sua maioria, são criados para provimento por períodos indeterminados, ou seja, para além de três exercícios, natural foi a escolha do legislador ao impor a observância das disposições do artigo 17 da LRF aos atos de despesa de pessoal.

Por se configurar como uma despesa obrigatória de caráter continuado, a consequência é que a despesa com pessoal, bem como seus limites, encontre obstáculos ao crescimento sem prévio planejamento já nas disposições do artigo 17, restringidas também pelas disposições dos artigos 15 e 16[49] da LRF, os quais serão tratados a seguir.

---

[47] OLIVEIRA, Weder de. *Curso...* Op. cit. p. 960.
[48] OLIVEIRA, Weder de. *Curso...* Op. cit. p. 965.
[49] Art. 16. A criação, expansão ou aperfeiçoamento de ação governamental que acarrete aumento da despesa será acompanhado de:
I - estimativa do impacto orçamentário-financeiro no exercício em que deva entrar em vigor e nos dois subsequentes;
II - declaração do ordenador da despesa de que o aumento tem adequação orçamentária e financeira com a lei orçamentária anual e compatibilidade com o plano plurianual e com a lei de diretrizes orçamentárias.
§1º Para os fins desta Lei Complementar, considera-se:

O artigo 15 é expresso ao dispor que "serão consideradas não autorizadas, irregulares e lesivas ao patrimônio público a geração de despesa ou assunção de obrigação que não atendam o disposto nos arts. 16 e 17".

Destaca-se que o artigo 16, ao exigir a estimativa de impacto financeiro tanto do exercício em que o aumento de despesa ocorra quanto nos dois exercícios subsequentes, além de exigir a adequação às leis orçamentária anual, do plano plurianual e das diretrizes orçamentárias, visa o planejamento da criação e expansão da despesa pública.

Além disso, há também que se destacar o artigo 113 do ADCT, incluído pela Emenda Constitucional nº 95/16, e que determina que "a proposição legislativa que crie ou altere despesa obrigatória ou renúncia de receita deverá ser acompanhada da estimativa do seu impacto orçamentário e financeiro" é aplicável ao regime das despesas com pessoal.

O Supremo Tribunal Federal, por ocasião do julgamento da ADI nº 6.303/RR[50] (relator Ministro Luís Roberto Barroso), reconheceu a aplicação da norma para todos os entes da federação, conforme se extrai dos seguintes itens da ementa do julgamento:

> 3. Primeiro, a redação do dispositivo não determina que a regra seja limitada à União, sendo possível a sua extensão aos demais entes. Segundo a norma, ao buscar a gestão fiscal responsável, concretiza princípios constitucionais como a impessoalidade, a moralidade, a publicidade e a eficiência (art. 37 da CF/1988). Terceiro, a inclusão do art. 113 do ADCT acompanha o tratamento que já vinha sendo conferido ao tema pelo art. 14 da Lei de Responsabilidade Fiscal, aplicável a todos os entes da Federação.

I - adequada com a lei orçamentária anual, a despesa objeto de dotação específica e suficiente, ou que esteja abrangida por crédito genérico, de forma que somadas todas as despesas da mesma espécie, realizadas e a realizar, previstas no programa de trabalho, não sejam ultrapassados os limites estabelecidos para o exercício;
II - compatível com o plano plurianual e a lei de diretrizes orçamentárias, a despesa que se conforme com as diretrizes, objetivos, prioridades e metas previstos nesses instrumentos e não infrinja qualquer de suas disposições.
§2º A estimativa de que trata o inciso I do *caput* será acompanhada das premissas e metodologia de cálculo utilizadas.
§3º Ressalva-se do disposto neste artigo a despesa considerada irrelevante, nos termos em que dispuser a lei de diretrizes orçamentárias.
§4º As normas do *caput* constituem condição prévia para:
I - empenho e licitação de serviços, fornecimento de bens ou execução de obras;
II - desapropriação de imóveis urbanos a que se refere o § 3o do art. 182 da Constituição.

50   Publicado no *DJE* 18.03.2022 – ATA nº 44/2022. *DJE* nº 52, divulgado em 17.03.2022.

4. A exigência de estudo de impacto orçamentário e financeiro não atenta contra a forma federativa, notadamente a autonomia financeira dos entes. Esse requisito visa a permitir que o legislador, como poder vocacionado para a instituição de benefícios fiscais, compreenda a extensão financeira de sua opção política.
5. Com base no art. 113 do ADCT, toda "proposição legislativa [federal, estadual, distrital ou municipal] que crie ou altere despesa obrigatória ou renúncia de receita deverá ser acompanhada da estimativa do seu impacto orçamentário e financeiro", em linha com a previsão do art. 14 da Lei de Responsabilidade Fiscal.

Dessa forma, os dispositivos em questão, quando analisados sob o prisma do controle da despesa com pessoal, assumem papel de suma importância, pois dificultam eventual ação política desconectada do planejamento financeiro e orçamentário dos recursos públicos.

Por sua vez, o artigo 21 da LRF[51] dispõe que são nulos de pleno direito os atos que provoquem aumento de despesa com pessoal sem

---

[51] Art. 21. É nulo de pleno direito: (Redação dada pela Lei Complementar nº 173, de 2020)
I - o ato que provoque aumento da despesa com pessoal e não atenda:
a) às exigências dos arts. 16 e 17 desta Lei Complementar e o disposto no inciso XIII do caput do art. 37 e no § 1º do art. 169 da Constituição Federal; e (Incluído pela Lei Complementar nº 173, de 2020)
b) ao limite legal de comprometimento aplicado às despesas com pessoal inativo; (Incluído pela Lei Complementar nº 173, de 2020)
II - o ato de que resulte aumento da despesa com pessoal nos 180 (cento e oitenta) dias anteriores ao final do mandato do titular de Poder ou órgão referido no art. 20; (Redação dada pela Lei Complementar nº 173, de 2020)
III - o ato de que resulte aumento da despesa com pessoal que preveja parcelas a serem implementadas em períodos posteriores ao final do mandato do titular de Poder ou órgão referido no art. 20; (Incluído pela Lei Complementar nº 173, de 2020)
IV - a aprovação, a edição ou a sanção, por Chefe do Poder Executivo, por Presidente e demais membros da Mesa ou órgão decisório equivalente do Poder Legislativo, por Presidente de Tribunal do Poder Judiciário e pelo Chefe do Ministério Público, da União e dos Estados, de norma legal contendo plano de alteração, reajuste e reestruturação de carreiras do setor público, ou a edição de ato, por esses agentes, para nomeação de aprovados em concurso público, quando: (Incluído pela Lei Complementar nº 173, de 2020)
a) resultar em aumento da despesa com pessoal nos 180 (cento e oitenta) dias anteriores ao final do mandato do titular do Poder Executivo; ou (Incluído pela Lei Complementar nº 173, de 2020)
b) resultar em aumento da despesa com pessoal que preveja parcelas a serem implementadas em períodos posteriores ao final do mandato do titular do Poder Executivo. (Incluído pela Lei Complementar nº 173, de 2020)
§1º As restrições de que tratam os incisos II, III e IV: (Incluído pela Lei Complementar nº 173, de 2020)
I - devem ser aplicadas inclusive durante o período de recondução ou reeleição para o cargo de titular do Poder ou órgão autônomo; e (Incluído pela Lei Complementar nº 173, de 2020)

a observância das premissas constitucionais e legais estabelecidas na norma.[52]

2.3 Despesa total com pessoal: definições e limites

O artigo 18 da LRF definiu a despesa total com pessoal como:

> o somatório dos gastos do ente da Federação com os ativos, os inativos e os pensionistas, relativos a mandatos eletivos, cargos, funções ou empregos, civis, militares e de membros de Poder, com quaisquer espécies remuneratórias, tais como vencimentos e vantagens, fixas e variáveis, subsídios, proventos da aposentadoria, reformas e pensões, inclusive adicionais, gratificações, horas extras e vantagens pessoais de qualquer natureza, bem como encargos sociais e contribuições recolhidas pelo ente às entidades de previdência.

O §1º deste artigo dispõe que "os valores dos contratos de terceirização de mão-de-obra que se referem à substituição de servidores e empregados públicos serão contabilizados como 'Outras Despesas de Pessoal'".

Sobre o §1º e a contabilização de terceirização de mão de obra especificamente na área da saúde, em 14.04.2023 o STF divulgou o Acórdão da ADI nº 5.598/DF[53] (relatora Ministra Rosa Weber) o qual declarou a inconstitucionalidade de dispositivos das Leis nº 5.695/2016 e 5.950/2017[54] do Distrito Federal, que dispunham "sobre cálculo do limite

---

II - aplicam-se somente aos titulares ocupantes de cargo eletivo dos Poderes referidos no art. 20. (Incluído pela Lei Complementar nº 173, de 2020)

§2º Para fins do disposto neste artigo, serão considerados atos de nomeação ou de provimento de cargo público aqueles referidos no § 1º do art. 169 da Constituição Federal ou aqueles que, de qualquer modo, acarretem a criação ou o aumento de despesa obrigatória. (Incluído pela Lei Complementar nº 173, de 2020).

[52] Taufner aponta que a vedação para o aumento de despesas com pessoal nos últimos 180 dias anteriores ao final do mandato não pode ocorrer nem nas hipóteses em que os limites de despesas com pessoal estejam sendo cumpridos (Op. cit. 2015, p. 188).

[53] Plenário, Sessão virtual de 17.03.2023 a 24.03.2023. Publicado no DJE 17.04.2023, divulgado em 14.04.2023.

[54] Os dispositivos impugnados foram os artigos 51, §§1º e 2º da citada Lei Distrital nº 5.695/2016, sendo que este segundo dispositivo perdeu vigência antes do julgamento da ação, restando prejudicado. O artigo declarado inconstitucional tinha a seguinte redação: "Art. 51. O disposto no art. 18, §1º, da LRF, aplica-se para fins de cálculo do limite da despesa total com pessoal. §1º Não se consideram como substituição de servidores e empregados públicos, para efeito do caput, os contratos de terceirização relativos à execução indireta de atividades que, simultaneamente: I - sejam acessórias, instrumentais ou complementares aos assuntos que constituem área de competência legal do órgão ou entidade; II - atenda a pelo menos uma das seguintes situações: a) não se refiram a categorias funcionais abrangidas por plano

da despesa total com pessoal, no âmbito das diretrizes orçamentárias para o exercício financeiro de 2017".

A Procuradoria-Geral da República (autora da ADI) sustentava a inconstitucionalidade dos

> [...] preceitos normativos atacados no que excluem dos limites da Lei de Responsabilidade Fiscal (a) os gastos com contratos de terceirização relativos à execução indireta de atividades e com prestação de serviços de saúde pública e (b) as despesas contratadas mediante participação complementar da iniciativa privada na prestação dos serviços de saúde pública.[55]

Os dispositivos das Leis Distritais declarados inconstitucionais ofendiam os artigos 24, I, II e §§1º a 4º, e 169 da Constituição Federal, sendo que o voto foi expresso ao apontar que:

> Os preceitos, de teor idêntico, reitero, visam a excluir da contabilização da despesa total com pessoal, e, consequentemente, do âmbito de incidência do art. 18, § 1º, da Lei Complementar nº 101/2000 (Lei de Responsabilidade Fiscal), os valores relativos aos contratos de terceirização de mão-de-obra que atendam as condições que especifica nos seus incisos I e II, quais sejam:
> [...]
> Ao propugnar que não se qualificam como substituição de servidores e empregados públicos os contratos de terceirização de mão-de-obra que tenham como objeto o desempenho de atividades com as características mencionadas, a lei distrital se antecipa ao intérprete da legislação federal, e o faz em sentido colidente com a teleologia do art. 18, §1º, da LRF.
> Não bastasse, a pretensão de ressignificar o conteúdo do art. 18, §1º, da LRF, configura invasão da competência da União para estabelecer normas gerais sobre direito financeiro e orçamentário, a teor do art. 24, I, II e §1º, da Constituição da República.

Por sua vez, o §2º do artigo 18 da LRF (alterado pela LC nº 178/21) estabelece que o período de apuração da despesa total com pessoal (soma do mês de referência com os 11 meses anteriores) independe de empenho.

---

de cargos do quadro de pessoal do órgão ou entidade, salvo expressa disposição legal em contrário, ou b) se refiram a cargo ou categoria extinta, total ou parcialmente, c) tenha sua desnecessidade declarada por meio de ato administrativo".
Destacamos que artigo com redação similar constou da Lei Distrital nº 5.950/2017 (neste caso, o art. 53, §1º).

[55] Transcrição extraída do Relatório do Acórdão.

A apuração da despesa total com pessoal levará em consideração a remuneração bruta do servidor, sem qualquer dedução ou retenção (ressalvada a redução para cumprimento do teto constitucional prevista no inciso XI do artigo 37 da Constituição Federal), conforme dispõe o §3º do artigo 18 da LRF – incluído pela LC nº 178/21.

Sobre o §3º do artigo 18 da LRF o STF, ao julgar a ADI nº 3.889/RO[56] (relator Ministro Luís Roberto Barroso) fixou a tese de que:

> É inconstitucional norma estadual, distrital ou municipal que exclua o imposto de renda retido na fonte, incidente sobre a folha de pagamento dos servidores, da receita corrente líquida, da despesa total com pessoal e da verificação do limite de despesa com pessoal, em contrariedade aos arts. 2º, IV, 18 e 19 da Lei Complementar nº 101/2000 (Lei de Responsabilidade Fiscal).

No artigo 19[57] estão fixados os limites totais de despesas com pessoal, por período de apuração e por ente da federação (50% para

---

[56] Plenário, Sessão virtual de 23.06.2023 a 30.06.2023. Publicado no DJE 15.08.2023, divulgado em 14.08.2023.

[57] Art. 19. Para os fins do disposto no *caput* do art. 169 da Constituição, a despesa total com pessoal, em cada período de apuração e em cada ente da Federação, não poderá exceder os percentuais da receita corrente líquida, a seguir discriminados:
I - União: 50% (cinqüenta por cento);
II - Estados: 60% (sessenta por cento);
III - Municípios: 60% (sessenta por cento).
§1o Na verificação do atendimento dos limites definidos neste artigo, não serão computadas as despesas:
I - de indenização por demissão de servidores ou empregados;
II - relativas a incentivos à demissão voluntária;
III - derivadas da aplicação do disposto no inciso II do §6º do art. 57 da Constituição;
IV - decorrentes de decisão judicial e da competência de período anterior ao da apuração a que se refere o §2º do art. 18;
V - com pessoal, do Distrito Federal e dos Estados do Amapá e Roraima, custeadas com recursos transferidos pela União na forma dos incisos XIII e XIV do art. 21 da Constituição e do art. 31 da Emenda Constitucional nº 19;
VI - com inativos e pensionistas, ainda que pagas por intermédio de unidade gestora única ou fundo previsto no art. 249 da Constituição Federal, quanto à parcela custeada por recursos provenientes: (Redação dada pela Lei Complementar nº 178, de 2021)
a) da arrecadação de contribuições dos segurados;
b) da compensação financeira de que trata o §9º do art. 201 da Constituição;
c) de transferências destinadas a promover o equilíbrio atuarial do regime de previdência, na forma definida pelo órgão do Poder Executivo federal responsável pela orientação, pela supervisão e pelo acompanhamento dos regimes próprios de previdência social dos servidores públicos. (Redação dada pela Lei Complementar nº 178, de 2021)
§2º Observado o disposto no inciso IV do §1º, as despesas com pessoal decorrentes de sentenças judiciais serão incluídas no limite do respectivo Poder ou órgão referido no art. 20.

União, 60% para Estados e Municípios), tendo como parâmetro de cálculo a RCL, que Weder de Oliveira[58] conceitua como aquela que:

> representa o total das receitas correntes (receitas tributárias, de contribuições, patrimoniais, industriais, agropecuárias, de serviços, transferências correntes – constitucionais, legais e voluntárias – e outras receitas correntes) deduzido de algumas parcelas. Na esfera municipal, por exemplo, são excluídas as contribuições dos servidores para o seu sistema de previdência e os valores retidos para recolhimento ao [...] Fundo de Manutenção e Desenvolvimento da Educação Básica e de Valorização dos Profissionais de Educação – FUNDEB, na forma do art. 60 do ADCT.

Alguns entes da federação excluíam do conceito da despesa total com pessoal os gastos com inativos e pensionistas, bem como do imposto de renda retido na fonte, o que levou o STF a declarar a constitucionalidade dos artigos 18, *caput*, e 19, *caput* e §§1º e 2º por ocasião do julgamento da ADC nº 69/DF[59] (relator Ministro Alexandre de Moraes), assim ementada:

> EMENTA: CONSTITUCIONAL E FINANCEIRO. LEI DE RESPONSABILIDADE FISCAL (LC 101/2000). ARTS. 28, *CAPUT*, E 19, *CAPUT* E §§ 1º E 2º. BASE DE CÁLCULO DA DESPESA TOTAL COM PESSOAL. DIVERGÊNCIAS INTERPRETATIVAS. IMPOSSIBILIDADE DE EXCLUSÃO DE IMPOSTO DE RENDA RETIDO NA FONTE (IRRF) E DOS VALORES PAGOS A INATIVOS E PENSIONISTAS DO CÁLCULO DE GASTO COM PESSOAL. COMPETÊNCIA LEGISLATIVA DA UNIÃO. DESRESPEITO ÀS REGRAS DE DISTRIBUIÇÃO DE COMPETÊNCIA (ARTS. 24, I, E 169, *CAPUT*, DA CONSTITUIÇÃO FEDERAL). PROCEDÊNCIA DA AÇÃO DECLARATÓRIA DE CONSTITUCIONALIDADE.

No Estado do Paraná, para fins da apuração da receita corrente líquida e, por consequência, do limite de gastos com pessoal, o TCE-PR à época dos exercícios pesquisados seguia os parâmetros estabelecidos pela Instrução Normativa (IN) nº 56/2011, substituída atualmente pela IN nº 174/2022, a qual em seu artigo 4º define que:

---

§3º Na verificação do atendimento dos limites definidos neste artigo, é vedada a dedução da parcela custeada com recursos aportados para a cobertura do déficit financeiro dos regimes de previdência.

[58] OLIVEIRA, Weder de. *Curso... Op. cit.* p. 225.
[59] Plenário, Sessão virtual de 23.06.2023 a 30.06.2023. Publicado no *DJE* 18.07.2023, divulgado em 17.07.2023.

a receita corrente líquida constitui o somatório das receitas para este efeito discriminadas nesta Instrução, arrecadas pela administração direta e respectivas administrações indiretas, seus fundos, autarquias e fundações, pelas empresas estatais dependentes de que sejam controladoras e a participação em consórcios públicos.

A LRF dispôs que a despesa total com pessoal será apurada por meio da soma do mês de referência e os 11 meses imediatamente anteriores, conforme já se destacou ao abordar o §2º do artigo 18 da Lei.

O limite de despesas com pessoal da União é de 50% da RCL, fixado expressamente pelo inciso I do artigo 19 da LRF, incluídos nesse limite os gastos do Poder Legislativo e do Poder Judiciário, conforme dispõe explicitamente o inciso I do artigo 20 da LC nº 101/00.[60]

Já o limite de despesas com pessoal dos Estados é de 60% da RCL (inciso II do art. 19 da LRF), repartidos na forma do inciso II do artigo 20 da LRF,[61] observada a subdivisão entre o Poder Executivo, Poder Legislativo (incluído o Tribunal de Contas), Poder Judiciário e o Ministério Público.

No âmbito dos municípios, a LRF é clara ao dispor em seu artigo 19 que a despesa total com pessoal não pode exceder 60% ao final de cada período de apuração, deste limite 54% devem ser observados pelo Executivo e 6% para o Legislativo, usando como quantificação a

---

[60] Art. 20. A repartição dos limites globais do art. 19 não poderá exceder os seguintes percentuais:
I - na esfera federal:
a) 2,5% (dois inteiros e cinco décimos por cento) para o Legislativo, incluído o Tribunal de Contas da União;
b) 6% (seis por cento) para o Judiciário;
c) 40,9% (quarenta inteiros e nove décimos por cento) para o Executivo, destacando-se 3% (três por cento) para as despesas com pessoal decorrentes do que dispõem os incisos XIII e XIV do art. 21 da Constituição e o art. 31 da Emenda Constitucional no 19, repartidos de forma proporcional à média das despesas relativas a cada um destes dispositivos, em percentual da receita corrente líquida, verificadas nos três exercícios financeiros imediatamente anteriores ao da publicação desta Lei Complementar;
d) 0,6% (seis décimos por cento) para o Ministério Público da União; [...].

[61] [...] II - na esfera estadual:
a) 3% (três por cento) para o Legislativo, incluído o Tribunal de Contas do Estado;
b) 6% (seis por cento) para o Judiciário;
c) 49% (quarenta e nove por cento) para o Executivo;
d) 2% (dois por cento) para o Ministério Público dos Estados; [...].

RCL.⁶² ⁶³ Destacamos ainda que, referente ao Poder Legislativo municipal, a Constituição Federal impõe no §1º do artigo 29-A que o limite para a despesa com pessoal é o índice de 70% de sua receita, incluindo nesse valor o subsídio dos vereadores.⁶⁴

Referente ao percentual estabelecido para o Poder Executivo, atualmente no Estado do Paraná a IN nº 174/2022 do TCE-PR considera incluído no somatório total as despesas dos órgãos da administração direta (tenham ou não personalidade jurídica própria), autarquias, fundações e demais entidades da administração direta e indireta com personalidade jurídica de direito público, incluindo ainda as empresas

---

[62] Art. 19. Para os fins do disposto no *caput* do art. 169 da Constituição, a despesa total com pessoal, em cada período de apuração e em cada ente da Federação, não poderá exceder os percentuais da receita corrente líquida, a seguir discriminados:
I - União: 50% (cinqüenta por cento);
II - Estados: 60% (sessenta por cento);
III - Municípios: 60% (sessenta por cento).
§1º Na verificação do atendimento dos limites definidos neste artigo, não serão computadas as despesas:
I - de indenização por demissão de servidores ou empregados;
II - relativas a incentivos à demissão voluntária;
III - derivadas da aplicação do disposto no inciso II do § 6o do art. 57 da Constituição;
IV - decorrentes de decisão judicial e da competência de período anterior ao da apuração a que se refere o §2º do art. 18;
V - com pessoal, do Distrito Federal e dos Estados do Amapá e Roraima, custeadas com recursos transferidos pela União na forma dos incisos XIII e XIV do art. 21 da Constituição e do art. 31 da Emenda Constitucional nº 19;
VI - com inativos e pensionistas, ainda que pagas por intermédio de unidade gestora única ou fundo previsto no art. 249 da Constituição Federal, quanto à parcela custeada por recursos provenientes: (Redação dada pela Lei Complementar nº 178, de 2021)
a) da arrecadação de contribuições dos segurados;
b) da compensação financeira de que trata o §9º do art. 201 da Constituição;
c) de transferências destinadas a promover o equilíbrio atuarial do regime de previdência, na forma definida pelo órgão do Poder Executivo federal responsável pela orientação, pela supervisão e pelo acompanhamento dos regimes próprios de previdência social dos servidores públicos. (Redação dada pela Lei Complementar nº 178, de 2021)
§2º Observado o disposto no inciso IV do §1º, as despesas com pessoal decorrentes de sentenças judiciais serão incluídas no limite do respectivo Poder ou órgão referido no art. 20.
§3º Na verificação do atendimento dos limites definidos neste artigo, é vedada a dedução da parcela custeada com recursos aportados para a cobertura do déficit financeiro dos regimes de previdência. (Incluído pela Lei Complementar nº 178, de 2021).

[63] No Estado do Paraná, o TCE-PR considera indivisível os limites de despesa de cada Poder, não admitindo a distribuição entre órgãos da administração direta e as entidades da administração indireta e vedando a compensação de eventuais sobras entre os Poderes, conforme dispõe o §º do artigo 13 da IN nº 174/2022: Art. 13. O limite global para a despesa de pessoal na esfera Municipal não pode ultrapassar a 60% (sessenta por cento) da receita corrente líquida em cada período de apuração, sendo divididos em 54% (cinquenta e quatro por cento) para o Poder Executivo e 6% (seis por cento) ao Poder Legislativo.

[64] [...] §1º A Câmara Municipal não gastará mais de setenta por cento de sua receita com folha de pagamento, incluído o gasto com o subsídio de seus Vereadores.

estatais dependentes e ainda a equivalência nas despesas de pessoal dos consórcios públicos que participe.⁶⁵

2.4 O artigo 22 da LRF e as vedações impostas para o Poder ou órgão que ultrapassar o limite prudencial

O artigo 22, objeto central da pesquisa, trata da verificação do cumprimento dos limites de gastos com pessoal estabelecidos pela LRF e impõe restrições, na forma de vedações, ao Poder ou órgão que exceder 95% do limite da despesa com pessoal:

> Art. 22. A verificação do cumprimento dos limites estabelecidos nos arts. 19 e 20 será realizada ao final de cada quadrimestre.
> Parágrafo único. Se a despesa total com pessoal exceder a 95% (noventa e cinco por cento) do limite, são vedados ao Poder ou órgão referido no art. 20 que houver incorrido no excesso:
> I - concessão de vantagem, aumento, reajuste ou adequação de remuneração a qualquer título, salvo os derivados de sentença judicial ou de determinação legal ou contratual, ressalvada a revisão prevista no inciso X do art. 37 da Constituição;
> II - criação de cargo, emprego ou função;
> III - alteração de estrutura de carreira que implique aumento de despesa;
> IV - provimento de cargo público, admissão ou contratação de pessoal a qualquer título, ressalvada a reposição decorrente de aposentadoria ou falecimento de servidores das áreas de educação, saúde e segurança;
> V - contratação de hora extra, salvo no caso do disposto no inciso II do §6º do art. 57 da Constituição e as situações previstas na lei de diretrizes orçamentárias.

Apesar de a redação do artigo 22 dispor que a verificação será ao final de cada quadrimestre, no caso de municípios com população abaixo de 50 mil habitantes é facultada a divulgação semestral do RGF, nessa hipótese o TCE-PR verifica o cumprimento dos limites de despesas com pessoal ao final de cada semestre.⁶⁶

---

⁶⁵ Conforme consta no §2º do artigo 13 da Instrução Normativa nº 174/2022 do TCE-PR, disponível em: https://www1.tce.pr.gov.br/conteudo/instrucao-normativa-n-174-de-11-de-agosto-de-2022/342154/area/249. Acesso em: 05 dez. 2022.

⁶⁶ Conforme verificou-se por meio da pesquisa documental referente à análise de gestão fiscal dos seguintes municípios paranaenses com população abaixo de 50.000 mil habitantes: Campina do Simão (2º semestre de 2017); Quarto Centenário (2º semestre de 2018) e Turvo (2º semestre de 2019), no link https://servicos.tce.pr.gov.br/TCEPR/Municipal/SIMAM/Paginas/Rel_AGF.aspx. Acesso em: 07 dez. 2022.

Referente às restrições constantes do parágrafo único do artigo 22 da LRF, as constantes do inciso I (concessão de vantagem, aumento, reajuste ou adequação de remuneração a qualquer título, salvo os derivados de sentença judicial ou de determinação legal ou contratual, ressalvada a revisão prevista no inciso X do art. 37 da Constituição), afetam diretamente a gestão remuneratória do Poder ou órgão que atinge o denominado limite prudencial.[67]

O inciso II do parágrafo único do artigo 22 da LRF trata de medidas que afetam tanto os servidores já existentes, ao proibir em sua parte final a criação de funções, quanto quem pretende ingressar na carreira do serviço público, ao proibir a criação de cargo e emprego enquanto o Poder ou órgão estiver gastando acima de 95% do limite da despesa com pessoal.

Já o inciso III veda alteração na estrutura de carreira que implique em aumento da despesa com pessoal, ou seja, mais uma vez é uma restrição que atinge os servidores já nomeados, pois a estrutura de carreira diz respeito àqueles que já fazem parte do funcionalismo público.

No caso do inciso IV (provimento de cargo público, admissão ou contratação de pessoal a qualquer título, ressalvada a reposição decorrente de aposentadoria ou falecimento de servidores das áreas de educação, saúde e segurança), a LRF trata das hipóteses em que haja cargos ou empregos já existentes e disponíveis para imediata nomeação, com as exceções nas hipóteses de aposentadoria e falecimento para cargos nas áreas de educação saúde e segurança.[68]

Por fim, o inciso V do parágrafo único do artigo 22 da LRF, veda a contratação de horas extras pelo Poder ou órgão que atingir o limite prudencial, com a ressalva para convocação extraordinária do

---

[67] Destaca-se que a aplicação da vedação do inciso I foi objeto de julgamento pelo Superior Tribunal de Justiça – STJ no ano de 2022 no REsp nº 1.878.849/TO (Tema 1075), que julgou a hipótese da progressão funcional de servidor nos casos em que está ultrapassado o limite prudencial, sendo firmada tese que: é ilegal o ato de não concessão de progressão funcional de servidor público, quando atendidos todos os requisitos legais, a despeito de superados os limites orçamentários previstos na Lei de Responsabilidade Fiscal, referentes a gastos com pessoal de ente público, tendo em vista que a progressão é direito subjetivo do servidor público, decorrente de determinação legal, estando compreendida na exceção prevista no inciso I do parágrafo único do art. 22 da Lei Complementar nº 101/2000.

[68] No caso dos municípios há que se destacar que a hipótese envolvendo cargos na área de segurança é restrita, pois nos casos em que exista guarda municipal, a mesma não está inserida no rol do artigo 144 da Constituição Federal, conforme destacou o Ministro Dias Toffoli por ocasião do julgamento do RE nº 1.281.774 pelo STF: "Da leitura do dispositivo, se extrai a função protetiva preventiva exercida pelas guardas civis relativamente aos bens, serviços e instalações pertencentes aos municípios, ressalvadas as competências dos demais entes. [...] Como visto, as guardas municipais, embora exerçam funções de proteção ao patrimônio local e de prevenção, não constam no rol do art. 144 da CF".

Congresso Nacional ou situações previstas anteriormente na Lei de Diretrizes Orçamentária (LDO). As vedações constantes do parágrafo único do artigo 22 da LRF se configuram num sistema para evitar que a despesa com pessoal ultrapasse o limite total previsto na lei, não apenas no caso do Poder Executivo, mas também dos demais Poderes e órgãos autônomos.

Caso seja excedido o limite total das despesas com pessoal, o Poder ou órgão que extrapolar deverá eliminar o excedente nos dois quadrimestres seguintes, sendo pelo menos um terço no primeiro quadrimestre, sob pena de não receber transferências voluntárias, obter garantia, direta ou indireta, de outro ente e contratar operações de crédito, ressalvada as destinadas ao refinanciamento da dívida mobiliária e as que visem à redução das despesas com pessoal, conforme estabelece o artigo 23 da LRF.[69] [70]

---

[69] Art. 23. Se a despesa total com pessoal, do Poder ou órgão referido no art. 20, ultrapassar os limites definidos no mesmo artigo, sem prejuízo das medidas previstas no art. 22, o percentual excedente terá de ser eliminado nos dois quadrimestres seguintes, sendo pelo menos um terço no primeiro, adotando-se, entre outras, as providências previstas nos §§3º e 4º do art. 169 da Constituição.
§1º No caso do inciso I do §3º do art. 169 da Constituição, o objetivo poderá ser alcançado tanto pela extinção de cargos e funções quanto pela redução dos valores a eles atribuídos.
§2º É facultada a redução temporária da jornada de trabalho com adequação dos vencimentos à nova carga horária. (*Vide* ADI 2238)
§3º Não alcançada a redução no prazo estabelecido e enquanto perdurar o excesso, o Poder ou órgão referido no art. 20 não poderá: (Redação dada pela Lei Complementar nº 178, de 2021)
I - receber transferências voluntárias;
II - obter garantia, direta ou indireta, de outro ente;
III - contratar operações de crédito, ressalvadas as destinadas ao pagamento da dívida mobiliária e as que visem à redução das despesas com pessoal. (Redação dada pela Lei Complementar nº 178, de 2021)
§4º As restrições do § 3º aplicam-se imediatamente se a despesa total com pessoal exceder o limite no primeiro quadrimestre do último ano do mandato dos titulares de Poder ou órgão referidos no art. 20.
§5º As restrições previstas no §3º deste artigo não se aplicam ao Município em caso de queda de receita real superior a 10% (dez por cento), em comparação ao correspondente quadrimestre do exercício financeiro anterior, devido a: (Incluído pela Lei Complementar nº 164, de 2018)
I – diminuição das transferências recebidas do Fundo de Participação dos Municípios decorrente de concessão de isenções tributárias pela União; e (Incluído pela Lei Complementar nº 164, de 2018)
II – diminuição das receitas recebidas de *royalties* e participações especiais. (Incluído pela Lei Complementar nº 164, de 2018) Produção de efeitos
§6º O disposto no §5º deste artigo só se aplica caso a despesa total com pessoal do quadrimestre vigente não ultrapasse o limite percentual previsto no art. 19 desta Lei Complementar, considerada, para este cálculo, a receita corrente líquida do quadrimestre correspondente do ano anterior atualizada monetariamente. (Incluído pela Lei Complementar nº 164, de 2018)
[70] O artigo 23 da LRF previa em seu parágrafo §2º a redução temporária da jornada de trabalho e a adequação do valor das remunerações dos servidores públicos como medida facultativa

O artigo 23 da LRF previa em seu parágrafo §2º a redução temporária da jornada de trabalho e a adequação do valor das remunerações dos servidores públicos como medida facultativa para a eliminação do excedente da despesa total com pessoal. Porém, este trecho da norma foi declarado inconstitucional pelo STF no julgamento da ADI nº 2.238,[71] por ofender ao princípio da irredutibilidade de vencimentos.

2.5 Transparência, controle e fiscalização das despesas com pessoal e o RGF

Em relação à fiscalização do limite de despesas com pessoal, a LRF disciplina a matéria no capítulo IX (da transparência, controle e fiscalização[72]), e os artigos 54 e 55 disciplinam o RGF, se configurando este como o instrumento legal para informação e transparência da despesa total com pessoal ao final de cada quadrimestre,[73] [74] permitindo a fiscalização das despesas com pessoal pelo Tribunal de Contas, na forma do §2º do artigo 59[75] da LRF.

O RGF tem como objetivo "o controle, o monitoramento e a publicidade do cumprimento dos limites estabelecidos pela LRF: Despesas

---

para a eliminação do excedente da despesa total com pessoal. Porém este trecho da norma foi declarado inconstitucional pelo STF no julgamento da ADI nº 2238, por ofender ao princípio da irredutibilidade de vencimentos.

[71] ADI nº 2238: "4.2. Em relação ao parágrafo 2º do artigo 23 da LRF, é entendimento iterativo do STF considerar a irredutibilidade do estipêndio funcional como garantia constitucional voltada a qualificar prerrogativa de caráter jurídico-social instituída em favor dos agentes públicos" (Rel. Ministro Alexandre de Morais, julgamento em 24.06.2020).

[72] Artigos 48 a 60 da LC nº 101/00.

[73] Art. 55.
I - [...]
a) despesa total com pessoal, distinguindo a com inativos e pensionistas; [...].

[74] Importa destacar que o artigo 63, II, "b", faculta aos municípios com população inferior a 50 mil habitantes divulgar semestralmente o RGF, que afeta a aferição do cumprimento dos limites da despesa com pessoal nessa hipótese, conforme já destacado.

[75] Art. 59. O Poder Legislativo, diretamente ou com o auxílio dos Tribunais de Contas, e o sistema de controle interno de cada Poder e do Ministério Público fiscalizarão o cumprimento desta Lei Complementar, consideradas as normas de padronização metodológica editadas pelo conselho de que trata o art. 67, com ênfase no que se refere a:
[...]
§2º Compete ainda aos Tribunais de Contas verificar os cálculos dos limites da despesa total com pessoal de cada Poder e órgão referido no art. 20.
§3º O Tribunal de Contas da União acompanhará o cumprimento do disposto nos §§ 2º, 3º e 4º do art. 39.

com Pessoal, Dívida Consolidada Líquida, Concessão de Garantias e Contratação de Operações de Crédito".[76]

Para Fabrício Motta[77] "o RGF é instrumento determinante para os quatro pontos principais de lei: planejamento, transparência, controle e responsabilização". O RGF também se revela como importante instrumento para o exercício do controle social da administração pública, conforme aponta Domingos Taufner,[78] e sua elaboração em termos acessíveis e a publicação em *sites* da *internet* facilitam que qualquer cidadão possa acompanhar a gestão fiscal da União, do Estado ou do Município onde residir, pelo uso de um *smartphone*, por exemplo.

Este entendimento se reforça com base na padronização das informações constantes do RGF, conforme artigo 55[79] da LRF, sendo

---

[76] Conceito extraído do *site* do Tesouro Nacional, disponível em: https://www.tesourotransparente.gov.br/temas/contabilidade-e-custos/relatorio-de-gestao-fiscal-rgf-uniao#:~:text=O%20Relat%C3%B3rio%20de%20Gest%C3%A3o%20Fiscal,de%20Responsabilidade%20Fiscal%20(LRF).

[77] MOTTA, Fabrício. Publicidade e transparência nos 10 anos da lei de responsabilidade fiscal. *In*: CASTRO, Rodrigo Pironti Aguirre de (Coord.). *Lei de Responsabilidade Fiscal*: ensaios em comemoração aos 10 anos da Lei Complementar nº 101/00. Belo Horizonte: Fórum, 2010. p. 112.

[78] TAUFNER, Domingos Augusto. *Op. cit.* p. 190.

[79] Art. 55. O relatório conterá:
I - comparativo com os limites de que trata esta Lei Complementar, dos seguintes montantes:
a) despesa total com pessoal, distinguindo a com inativos e pensionistas;
b) dívidas consolidada e mobiliária;
c) concessão de garantias;
d) operações de crédito, inclusive por antecipação de receita;
e) despesas de que trata o inciso II do art. 4º;
II - indicação das medidas corretivas adotadas ou a adotar, se ultrapassado qualquer dos limites;
III - demonstrativos, no último quadrimestre:
a) do montante das disponibilidades de caixa em trinta e um de dezembro;
b) da inscrição em Restos a Pagar, das despesas:
1) liquidadas;
2) empenhadas e não liquidadas, inscritas por atenderem a uma das condições do inciso II do art. 41;
3) empenhadas e não liquidadas, inscritas até o limite do saldo da disponibilidade de caixa;
4) não inscritas por falta de disponibilidade de caixa e cujos empenhos foram cancelados;
c) do cumprimento do disposto no inciso II e na alínea *b* do inciso IV do art. 38.
§1º O relatório dos titulares dos órgãos mencionados nos incisos II, III e IV do art. 54 conterá apenas as informações relativas à alínea *a* do inciso I, e os documentos referidos nos incisos II e III.
§2º O relatório será publicado até trinta dias após o encerramento do período a que corresponder, com amplo acesso ao público, inclusive por meio eletrônico.
§3º O descumprimento do prazo a que se refere o §2º sujeita o ente à sanção prevista no §2º do art. 51.
§4º Os relatórios referidos nos arts. 52 e 54 deverão ser elaborados de forma padronizada, segundo modelos que poderão ser atualizados pelo conselho de que trata o art. 67.

inclusive considerada infração administrativa a publicação do RGF em desconformidade com a lei, na forma do artigo 5º da Lei nº 10.028/00,[80] é a partir dos dados constantes do RGF que o Tribunal de Contas poderá alertar os Poderes ou órgãos que ultrapassarem os limites de despesas com pessoal fixados pela LRF.

No âmbito do TCE-PR, a Corte se utiliza do relatório de gestão fiscal tanto para fins de apuração da despesa total com pessoal, para emissão de certidão liberatória para os Poderes Executivos estadual e municipais e para emissão dos alertas, conforme prevê o Regimento Interno da Corte.

Em relação à fiscalização da gestão fiscal disciplinada pela LRF, aos Tribunais de Contas compete, entre outras atribuições, proceder à verificação do cálculo dos limites da despesa com pessoal, na forma do §2º do artigo 59 da Lei,[81] que se revela como competência para que os Tribunais de Contas fiscalizem o limite de gastos com pessoal.

2.6 Alerta

Conforme destacado anteriormente, a LRF incluiu mecanismos de transparência, fiscalização e controle da gestão fiscal, entre os quais o alerta, inicialmente expedido quando a despesa com pessoal ultrapassar o índice de 90% da RCL.[82] Para Jacoby Fernandes[83] o alerta é ato

---

[80] Art. 5º Constitui infração administrativa contra as leis de finanças públicas:
I - deixar de divulgar ou de enviar ao Poder Legislativo e ao Tribunal de Contas o relatório de gestão fiscal, nos prazos e condições estabelecidos em lei;
II - propor lei de diretrizes orçamentárias anual que não contenha as metas fiscais na forma da lei;
III - deixar de expedir ato determinando limitação de empenho e movimentação financeira, nos casos e condições estabelecidos em lei;
IV - deixar de ordenar ou de promover, na forma e nos prazos da lei, a execução de medida para a redução do montante da despesa total com pessoal que houver excedido a repartição por Poder do limite máximo.
§1º A infração prevista neste artigo é punida com multa de trinta por cento dos vencimentos anuais do agente que lhe der causa, sendo o pagamento da multa de sua responsabilidade pessoal.
§2º A infração a que se refere este artigo será processada e julgada pelo Tribunal de Contas a que competir a fiscalização contábil, financeira e orçamentária da pessoa jurídica de direito público envolvida.

[81] §2º Compete ainda aos Tribunais de Contas verificar os cálculos dos limites da despesa total com pessoal de cada Poder e órgão referido no art. 20.

[82] Na forma do inciso II do artigo 59 da LRF.

[83] JACOBY FERNANDES, Jorge Ulisses. *Tribunais de Contas do Brasil*: jurisdição e competência. 3. ed. rev. atual. e ampl. 1. reimpr. Belo Horizonte: Fórum, 2013.

administrativo formal, obrigatoriamente escrito, destinado ao gestor e ao Poder ou órgão que incidir nas hipóteses dos incisos do artigo 59 da LRF.[84]

Referente às prefeituras municipais, observa-se que nos últimos anos diversos Municípios receberam alerta dos respectivos Tribunais de Contas dos Estados[85] [86] diante da extrapolação do limite previsto no inciso III do §1º do artigo 59 da LRF, cenário vivenciado também pelo Poder Executivo de alguns Estados[87] e outros Poderes da República.[88]

---

[84] Como exemplo de alerta, colacionamos o seguinte ato, constante do Diário Eletrônico do Tribunal de Contas do Estado do Paraná nº 2241, de 14.02.2020:
ENTIDADE: MUNICÍPIO DE MARINGÁ INTERESSADO: ULISSES DE JESUS MAIA KOTSIFAS ATO DO ALERTA: ALERTA – PESSOAL EXECUTIVO 90% PERÍODO: 3º QUADRIMESTRE DE 2019 Senhor Prefeito: Em atenção ao artigo 59, §1º, inciso II, da Lei de Responsabilidade Fiscal, alertamos Vossa Excelência que a despesa total com pessoal do Poder EXECUTIVO ultrapassou 48,6% da Receita Corrente Líquida, excedendo, portanto, 90% do limite previsto no artigo 20, inciso III, alínea "b", da mesma lei, no período de apuração encerrado em 31/12/2019. Tribunal de Contas do Estado do Paraná, 11 de fevereiro de 2020.

[85] Durante o exercício financeiro de 2019 somente no Estado do Espírito Santo 80 Municípios recebem alerta do TCE-ES, dentre os 167 existentes no Estado, o que representa quase 50% do total de Prefeituras, conforme se extrai do *link* https://g1.globo.com/rn/rio-grande-do-norte/noticia/2020/03/05/tce-alerta-80-municipios-potiguares-que-extrapolaram-limite-de-gastos-com-pessoal.ghtml. Acesso em: 06 jan. 2021.

[86] Em junho de 2020, em pleno ano eleitoral e pandemia do coronavírus, o TCE-PR alertou 36 Municípios do Estado do Paraná que extrapolaram o limite de 54% de gastos com pessoal do Executivo, outros 83 Municípios estavam acima do limite prudencial e 137 haviam extrapolado o limite de alerta. Somados, representam 256 Prefeituras de um total de 399 integrantes do Paraná, o que representa quase 65% dos Municípios deste Estado (*vide* https://www.gazetadopovo.com.br/parana/no-parana-municipios-ultrapassaram-limite-de-gasto-com-pessoal-em-2020/. Acesso em: 06 jan. 2021).

[87] O TCE-MG alertou o Governo do Estado de Minas Gerais e o Tribunal de Justiça do Estado devido à extrapolação de gastos com pessoal no mês de julho de 2020 (*vide* https://www.otempo.com.br/politica/aparte/tce-pode-alertar-governo-e-tjmg-por-excesso-de-gasto-com-pessoal-1.2362483. Acesso em: 06 jan. 2021).

[88] O TCE-PR alertou o Ministério Público do Estado do Paraná devido ao órgão ultrapassar do limite de 90% do total fixado para suas despesas com pessoal (*vide* https://paranaportal.uol. com.br/camara-dos-vereadores/tce-pr-alerta-ministerio-publico. Acesso em: 14 fev. 2021).

CAPÍTULO 3

TRIBUNAL DE CONTAS E O CONTROLE EXTERNO DA ATIVIDADE FINANCEIRA DO ESTADO

3.1 Tribunal de Contas: breves notas sobre a origem, função, competência e a evolução das cortes de controle externo no Brasil

O controle externo da administração pública no Brasil é exercido pelo Poder Legislativo e pelo Tribunal de Contas, com o segundo assumindo cada vez mais destaque em tal competência.

Sobre a origem do Tribunal de Contas, Luiz Henrique Lima[89] destaca que:

> A organização do primeiro Tribunal de Contas com características próximas às atuais foi obra de Napoleão Bonaparte que, em 1807, criou a *Cour des Comptes* francesa, como modelo de tribunal administrativo para os Estados modernos, inclusive com a presença de um Ministério Público especializado. A *Cour des Comptes* presta assistência ao Parlamento e ao Poder Executivo, atuando como autoridade judicial.

O modelo francês de Tribunais de Contas foi adotado por países como Alemanha, Bélgica, Espanha, Grécia, Holanda, Itália, Japão, Portugal e Uruguai,[90] possuindo como características em comum as: i)

---

[89] LIMA, Luiz Henrique. *Controle Externo*: Teoria e jurisprudência para os Tribunais de Contas. 10. ed. Rio de Janeiro: Forense, 2023. p. 3.
[90] LIMA, Luiz Henrique. *Op. cit.* p. 11 e 13.

decisões colegiadas; ii) o poder sancionatório; iii) mandato ou vitaliciedade dos membros; e iv) função fiscalizadora e jurisdicional.[91]

Lucas Rocha Furtado[92] afirma que "o Brasil segue, como era de se esperar, o modelo difundido na América Latina, em que se atribui a um Tribunal de Contas vinculado ao Poder Legislativo o exercício do controle externo dos gastos públicos".

Porém, o caminho percorrido para se chegar até o modelo atual dos Tribunais de Contas no Brasil foi longo: o primeiro órgão de fiscalização das contas públicas foi o Erário Régio, criado por ato de Dom João VI por meio de alvará datado de 28 de junho de 1808. Em 1826 foi apresentado um projeto visando a criação de um Tribunal de Contas no Brasil pelos senadores Visconde de Barbacena e José Inácio Borges, o qual não logrou êxito, conforme destaca Luiz Henrique Lima.[93]

A criação do Tribunal de Contas só aconteceu na República,

> Sob a inspiração de Ruy Barbosa, Ministro da Fazenda do Governo Provisório, o Presidente Deodoro da Fonseca assinou o Decreto nº 966-A, de 7 de novembro de 1890, criando 'um Tribunal de Contas para o exame, revisão e julgamento dos atos concernentes à receita e despesas da República'. Conforme o art. 1º desse diploma: 'É instituído um Tribunal de Contas, ao qual incumbirá o exame, a revisão e o julgamento de todas as operações concernentes à receita e despesa da República'.[94]

O Tribunal de Contas foi institucionalizado na Constituição de 1891, sendo de fato instalado em 1893. Houve tratamento para o órgão nas Constituições de 1934, 1937, 1946, 1967 e 1988, sendo que nesta última foi utilizada pela primeira vez a denominação Tribunal de Contas da União, com o texto fazendo menção aos Tribunais de Contas dos Estados e aos Tribunais de Contas Municipais.

A Constituição Federal de 1988 ampliou sobremaneira as competências do Tribunal de Contas da União, naquilo que Luiz Henrique

---

[91] LIMA, Luiz Henrique. *Op. cit.* p. 13. O autor destaca que nos países germânicos o sistema dos Tribunais de Contas não possui poderes jurisdicionais.

[92] FURTADO, Lucas Rocha. *Curso de Direito Administrativo*. 3. ed. rev. ampl. e atual. Belo Horizonte: Fórum, 2012. p. 1205.

[93] Ainda, Luiz Henrique Lima destaca que a proposta de criação do Tribunal de Contas constituiu "uma das polêmicas de maior duração na história do Parlamento brasileiro, tendo atravessado todo o Império, só logrando êxito com a proclamação da República" (*Op. cit.* p. 15/16).

[94] LIMA, Luiz Henrique. *Op. cit.* p. 16.

Lima aponta ser "[...] sem paralelo, combinando atribuições judicantes com instrumentos típicos das Auditorias Gerais".[95]

Marçal Justen Filho,[96] por sua vez, destaca que o Tribunal de Contas exerce o controle externo "especialmente na modalidade de fiscalização. Essa é uma atribuição que, em tese, pode enquadrar-se no âmbito tanto do Poder Judiciário quanto do Legislativo. Veja-se que a atividade do Tribunal de Contas é, quanto à sua natureza, muito mais próxima da função de controle reservada constitucionalmente para o Judiciário".

Sobre o fato do Tribunal de Contas da União estar disciplinado no mesmo capítulo da Constituição Federal que trata do Poder Legislativo, bem como o uso da expressão "auxílio" do primeiro para o segundo no exercício do controle externo, Gilmar Mendes[97] informa que:

> O auxílio exercido pelos Tribunais de Contas ao Parlamento não implica dizer que estas Cortes sejam meras auxiliares ou subordinados ao Poder Legislativo. Convém fazer a distinção entre órgão que exerce auxílio e órgão auxiliar. Com efeito, os Tribunais de Contas exercem competências constitucionais próprias, elencadas nos incisos do art. 71 da Constituição Federal, cujo exercício é feito de forma independente, não estando sujeitas à revisão do parlamento.
> [...]
> Por outro lado, é necessário salientar também que os Tribunais de Contas não integram o Poder Legislativo, o Poder Executivo e o Poder Judiciário, *ex vi* do disposto nos arts. 44, *caput*; 76 e 92, respectivamente.

Sobre a função do Tribunal de Contas, Marcus Abraham[98] destaca que,

> Cabe ao Tribunal de Contas atuar na fiscalização contábil, financeira orçamentária, operacional e patrimonial do Estado, incluindo aí os seus Poderes e as respectivas entidades da administração direta ou indireta,

---

[95] LIMA, Luiz Henrique. *Op. cit.* p. 19.
[96] JUSTEN FILHO, Marçal. *Curso de Direito Administrativo.* 9. ed. rev. atual. e ampl. São Paulo: Revista dos Tribunais, 2013. p. 1205.
[97] MENDES, Gilmar Ferreira; BRANCO, Paulo Gustavo Gonet. *Curso de Direito Constitucional.* 17. ed. São Paulo: SaraivaJur, 2022 (Série IDP – Linha Doutrina). p. 1683/1684. Gilmar Mendes cita expressamente a decisão do Supremo Tribunal Federal constante da ADI nº 4.190-MC para fundamentar seu ponto de vista sobre a não subordinação ou vinculação do Tribunal de Contas ao Poder Legislativo.
[98] ABRAHAM, Marcus. *Curso de direito financeiro brasileiro.* 7. ed. Rio de Janeiro: Forense, 2023. p. 361.

alcançando os administradores e demais responsáveis por dinheiros, bens e valores públicos, além de pessoas físicas ou jurídicas, que, mediante convênios, acordos, ajustes e outros instrumentos, apliquem auxílios, subvenções ou recursos repassados pelo Poder Público.

De acordo com Luiz Henrique Lima,[99] as funções do Tribunal de Contas se desdobram (resumidamente) em:

a) função fiscalizadora ("compreende as ações relativas ao exame e à realização de diligências, auditorias e outras atividades de fiscalização"[100]);
b) função opinativa (no caso da emissão do Parecer Prévio);
c) função judicante (promover o julgamento de mérito das matérias as quais a Constituição lhe atribui competência, não podendo ser substituído pelo Poder Judiciário na função, nem em sede de revisão de julgamento);
d) função sancionadora (condenar, com a observância do devido processo legal, tanto agentes públicos quanto pessoas jurídicas sob sua jurisdição em casos de comprovada irregularidade);
e) função corretiva (impondo obrigações de fazer e não fazer, com a possibilidade de expedição de medidas cautelares);
f) função consultiva (respondendo a consultas formuladas pelos agentes públicos e emitido "parecer sobre regularidade de despesas, por solicitação de Comissão Mista de Planos, Orçamentos Públicos e Fiscalização"[101]);
g) função informativa (prestando informações não apenas sobre sua atividade, mas também sobre atividades de sua competência ao Poder Legislativo de todas as esferas, à Justiça Eleitoral, ao Ministério Público, a órgãos e entidades do Poder Executivo, também de todas as suas esferas, bem como ao cidadão e à sociedade em geral);
h) função ouvidora (recebe denúncias realizadas por cidadão, partido político, associação civil ou sindicato; representação feita pelo órgão de controle interno de cada Poder;

---

[99] LIMA, Luiz Henrique. *Op. cit.* p. 96/100.
[100] LIMA, Luiz Henrique. *Op. cit.* p. 96.
[101] LIMA, Luiz Henrique. *Op. cit.* 98.

representação sobre irregularidades na condução de licitações ou contratos administrativos); e

i) função normativa (poder regulamentar inerente à organização interna e de processos sob sua jurisdição, como a elaboração de Regimento Interno).

No que diz respeito à competência, conforme se extrai do artigo 71[102] da Constituição Federal (que trata das competências do Tribunal de Contas da União), destacamos a competência para emissão do Parecer

---

[102] Art. 71. O controle externo, a cargo do Congresso Nacional, será exercido com o auxílio do Tribunal de Contas da União, ao qual compete:
I - apreciar as contas prestadas anualmente pelo Presidente da República, mediante parecer prévio que deverá ser elaborado em sessenta dias a contar de seu recebimento;
II - julgar as contas dos administradores e demais responsáveis por dinheiros, bens e valores públicos da administração direta e indireta, incluídas as fundações e sociedades instituídas e mantidas pelo Poder Público federal, e as contas daqueles que derem causa a perda, extravio ou outra irregularidade de que resulte prejuízo ao erário público;
III - apreciar, para fins de registro, a legalidade dos atos de admissão de pessoal, a qualquer título, na administração direta e indireta, incluídas as fundações instituídas e mantidas pelo Poder Público, excetuadas as nomeações para cargo de provimento em comissão, bem como a das concessões de aposentadorias, reformas e pensões, ressalvadas as melhorias posteriores que não alterem o fundamento legal do ato concessório;
IV - realizar, por iniciativa própria, da Câmara dos Deputados, do Senado Federal, de Comissão técnica ou de inquérito, inspeções e auditorias de natureza contábil, financeira, orçamentária, operacional e patrimonial, nas unidades administrativas dos Poderes Legislativo, Executivo e Judiciário, e demais entidades referidas no inciso II;
V - fiscalizar as contas nacionais das empresas supranacionais de cujo capital social a União participe, de forma direta ou indireta, nos termos do tratado constitutivo;
VI - fiscalizar a aplicação de quaisquer recursos repassados pela União mediante convênio, acordo, ajuste ou outros instrumentos congêneres, a Estado, ao Distrito Federal ou a Município;
VII - prestar as informações solicitadas pelo Congresso Nacional, por qualquer de suas Casas, ou por qualquer das respectivas Comissões, sobre a fiscalização contábil, financeira, orçamentária, operacional e patrimonial e sobre resultados de auditorias e inspeções realizadas;
VIII - aplicar aos responsáveis, em caso de ilegalidade de despesa ou irregularidade de contas, as sanções previstas em lei, que estabelecerá, entre outras cominações, multa proporcional ao dano causado ao erário;
IX - assinar prazo para que o órgão ou entidade adote as providências necessárias ao exato cumprimento da lei, se verificada ilegalidade;
X - sustar, se não atendido, a execução do ato impugnado, comunicando a decisão à Câmara dos Deputados e ao Senado Federal;
XI - representar ao Poder competente sobre irregularidades ou abusos apurados.
§1º No caso de contrato, o ato de sustação será adotado diretamente pelo Congresso Nacional, que solicitará, de imediato, ao Poder Executivo as medidas cabíveis.
§2º Se o Congresso Nacional ou o Poder Executivo, no prazo de noventa dias, não efetivar as medidas previstas no parágrafo anterior, o Tribunal decidirá a respeito.
§3º As decisões do Tribunal de que resulte imputação de débito ou multa terão eficácia de título executivo.
§4º O Tribunal encaminhará ao Congresso Nacional, trimestral e anualmente, relatório de suas atividades.

Prévio das contas anuais apresentadas pelo chefe do Poder Executivo e competência para o julgamento das contas anuais dos demais gestores públicos, a competência para julgar as contas de gestão, podendo aplicar sanções, bem como realizar inspeções e auditorias nas unidades dos três Poderes da administração pública federal, assim como a possibilidade de sustarem atos e eventualmente contratos administrativos.

Como a Constituição Federal aplica o princípio da simetria aos Tribunais de Contas dos Estados e dos Municípios (onde estes últimos existirem), no caso do TCE-PR as competências da corte, previstas no artigo 75 da Constituição do Estado do Paraná, são quase que idênticas às do TCU, com a ressalva que se referem à jurisdição exercida sobre os Poderes e órgãos do Estado e dos municípios.

Para Bruno Dantas e Frederico Dias,[103]

> no nosso ordenamento jurídico, os Tribunais de Contas são peças fundamentais para o aprimoramento de nossas instituições políticas, contribuindo, dessa forma, com a construção de uma gestão fiscal mais responsável e com a formação de um ambiente de maior confiança para as contas públicas - fatores essenciais para o desenvolvimento econômico, a estabilidade institucional e o amadurecimento democrático do país.

No mesmo sentido, para José Maurício Conti,[104]

> É inegável a importância dos tribunais de contas, verdadeiro os guardiões do erário, sendo os órgãos que mais direta e intensamente atuam para evitar o mau uso dos recursos que são de toda a sociedade e financiam o Estado, o que justifica plenamente a atenção que se deve dar ao tema. Especialmente nos dias atuais, em que afloraram casos graves de corrupção e diversas formas de desvios de conduta em matéria financeira, além do já antigo e recorrente desperdício por incompetência e má gestão, para o que os tribunais de contas também tem colaborado para coibir e corrigir.

Se atualmente os trabalhos de fiscalização desenvolvidos tanto pelo Tribunal de Contas da União quanto pelos Tribunais de Contas

---

[103] DANTAS, Bruno; DIAS, Frederico. O TCU está para a lei de responsabilidade fiscal assim como o STF está para Constituição Federal. *In*: COÊLHO. Marcus Vinicius Furtado; ALLEMAND, Luiz Claudio; ABRAHAM, Marcus (Org.). *Responsabilidade fiscal*: análise da Lei Complementar nº 101/2000. Brasília: OAB, Conselho Federal, 2016. p. 118.

[104] CONTI, José Mauricio. *A luta pelo direito financeiro*. São Paulo: Blucher, 2022, p. 189. Disponível em: https://www.blucher.com.br/a-luta-pelo-direito-financeiro. Acesso em: 19 set. 2023.

subnacionais contam com reconhecimento e aprovação da sociedade, tal chancela levou alguns anos para ocorrer após a promulgação da Constituição de 1988.

Durante algum tempo as Cortes de Contas foram chamadas por alguns pejorativamente de "tribunais de faz de conta" (conforme apontou Edilberto Pontes Lima[105]) diante da pouca compreensão das atividades realizadas pelos Tribunais de Contas.

Por outro lado, Carlos Ari Sundfeld[106] sustenta que "a partir do início dos anos 2000, o TCU acentuou o movimento de autoexpansão, usando interpretações jurídicas criativas, procurando ampliar o alcance das normas sobre sua jurisdição".[107]

O que Carlos Ari Sundfeld definiu como um movimento de autoexpansão, em Edilberto Pontes Lima[108] fazemos a leitura do que seria uma reação institucional para as críticas até então feitas às Cortes de Controle Externo:

> [...] muitos Tribunais de Contas, em especial o TCU, reorganizaram fortemente sua maneira de atuar: realizaram concursos públicos, passaram a fiscalizar de maneira concomitante, buscaram agilizar os prazos para julgamentos de contas e começaram a usar com frequência o poder geral de cautela, suspendendo licitações que continham irregularidades.

E a denominada autoexpansão do TCU, que em nossa visão buscava fortalecer a fiscalização da atividade financeira do Estado, acabou por gerar a crítica de que a atuação dos Tribunais de Contas estava apresentando "algo indevidamente político na atuação dos controladores",[109] e que a ampliação do controle realizado pelos Tribunais de Contas seria

---

[105] Vide LIMA, Edilberto Carlos Pontes. *Curso de Finanças Públicas*: uma abordagem contemporânea. São Paulo: Atlas, 2015. p. 280. Referido termo pejorativo é transcrito pelo autor ao retratar o período em que a crítica geral concebia os Tribunais de Contas como "órgãos de mero adorno, com efetividade nas suas ações de controle".

[106] SUNDFELD, Carlos Ari. *Direito Administrativo*: o novo olhar da LINDB. Belo Horizonte: Fórum, 2022. p. 17.

[107] No mesmo sentido, Carlos Ari Sundfeld e André Rosilho, ao abordarem o fortalecimento institucional do Tribunal de Contas da União, apontam que "há indícios de que, na prática, esteja se transformando numa espécie de justiça administrativa de ofício" (SUNDFELD, Carlos Ari; ROSILHO, André. *Tribunal de Contas da União no Direito e na Realidade*. São Paulo: Almedina, 2020. p. 11).

[108] LIMA, Edilberto Carlos Pontes. *Curso... Op. cit.* p. 280.

[109] Destacamos que tal crítica não se limitava apenas aos Tribunais de Contas, mas também ao Ministério Público, conforme destacou Carlos Ari Sundfeld (*Direito Administrativo... Op. cit.* p. 25-28).

uma fonte de paralisia e ineficiência, desencorajando os administradores públicos em promover soluções inovadoras ou criativas,[110] uma das razões que deu origem ao termo "apagão das canetas".[111]

Em 2018 foi publicada a Lei nº 13.655/18[112] que incluiu no Decreto-Lei nº 4.657/1942 "disposições sobre segurança jurídica e eficiência na criação e aplicação do Direito Público", lei pela qual – apesar das críticas por parte de membros do TCU quando de sua publicação[113] – indiretamente se reconheceu uma esfera própria de atuação para os Tribunais de Contas, denominada pela lei como "esfera controladora", em diferenciação às esferas administrativa e judicial.

Ainda que não possamos afirmar que o Tribunal de Contas seria um Quarto Poder (teoria também refutada por Gilmar Mendes[114]), há que se reconhecer que tanto a Constituição de 1988 quanto a redação atual da LINDB reforçaram o papel das Cortes de Controle Externo, o que nos permite conceituar o Tribunal de Contas como a entidade controladora superior, independente e autônoma, que tem como principal função fiscalizar o uso de recursos públicos pelos Poderes e entidades da administração pública direta ou indireta, ou ainda o particular que faça uso tais recursos.

---

[110] Conforme destaca Sandro Rafael Matheus Pereira no artigo "Apagão das canetas, inovação e controle externo: o que os gestores tem a dizer?". Disponível em: https://www.conjur.com.br/2022-jul-21/matheus-pereira-inovacao-controle-externo. Acesso em: 18 set. 2023.

[111] O "apagão das canetas" é o fenômeno no qual o gestor público fica com medo de decidir diante de possíveis penalizações, pois havia se criado uma errônea presunção de suspeita de ilegalidade de todo ato administrativo. A origem da expressão é atribuída ao Ministro do TCU Bruno Dantas.

[112] A "reação" por parte da doutrina ao que se chamou de "excesso do controle", teve como ponto de partida uma discussão acadêmica que culminou com a apresentação de um anteprojeto de Lei que incluía dispositivos na Lei de Introdução às Normas do Direito Brasileiro visando garantir segurança jurídica e eficiência na criação e na aplicação do direito público, efetivada com a publicação da Lei nº 13.655/18. A redação base do projeto de lei que culminou com a Lei nº 13.655/18 foi elaborada pelos Professores Carlos Ari Sundfeld e Floriano de Azevedo Marques Neto, sendo apresentada pelo Congresso Nacional pelo então Senador Antonio Anastasia, atualmente Ministro do TCU, conforme menciona Carlos Ari Sundfeld (*Direito Administrativo... Op. cit.* p. 11/12).

[113] Conforme se extrai de artigo da autoria de Ana Pompeu (*Presidente e ministros do TCU pedem a Temer que vete mudanças na LINDB*. Disponível em: https://www.conjur.com.br/2018-abr-18/presidente-ministros-tcu-pedem-temer-vete-lindb. Acesso em: 29 set. 2023).

[114] MENDES, Gilmar Ferreira. *Op. cit.* p. 1684.

3.2 O papel do Tribunal de Contas na Lei de Responsabilidade Fiscal

A edição da LRF impactou a atividade dos Tribunais de Contas, pois reforçou as competências que já haviam sido ampliadas pela Constituição Federal de 1988.

Weder de Oliveira[115] destacou o seguinte impacto da LRF em relação ao controle externo: "os tribunais de contas mobilizaram-se intensamente, desenvolvendo trabalhos de orientação, manualização, treinamento, regulamentação e fiscalização como possivelmente não realizavam há muitos anos – trabalho imprescindível para viabilizar o alcance de seus objetivos, em cada esfera da federação".

Bruno Dantas e Frederico Dias[116] apontam que "a gestão fiscal será acompanhada pelos Tribunais de Contas, cujas funções têm natureza preventiva e fiscalizadora", complementando que:

> as Cortes de Contas, a partir da edição da Lei de Responsabilidade Fiscal, foram alçadas à condição de grandes provedoras de informações sobre a gestão pública, vez que a elas compete verificar o seu cumprimento. Nesse sentido, a lei valorizou a função fiscalizatória do Tribunal de Contas, dando-lhe a atribuição de ser o guardião da LRF.

Entre as competências exercidas pelo Tribunal de Contas na fiscalização das disposições da LRF, destaca-se o controle das despesas com pessoal. Assim, cabe as Cortes de Contas exercer a fiscalização dos Poderes e órgãos autônomos quanto aos preceitos transcritos nos artigos 18 a 23 da Lei.

Na parte da prestação de contas, disciplinada pelos artigos 56[117] a 58 da LRF, também foi disciplinada a apresentação das contas do Poder Judiciário da União e dos Estados (§1º, I e II, do artigo 56), bem como o parecer sobre as contas dos próprios Tribunais de Contas (comissão mista do Congresso Nacional e respectivas Assembleias Legislativas e Câmaras Municipais – §2º do artigo 56).

---

[115] OLIVEIRA, Weder de. *Curso... Op. cit.* p. 703.
[116] DANTAS, Bruno; DIAS, Frederico. *Op. cit.* p. 114.
[117] O *caput* do artigo 56 da LRF previa que a apresentação das contas anuais do chefe do Poder Executivo incluiria as contas dos chefes do Poder Legislativo, Judiciário e do Ministério Público, porém este texto normativo foi declarado inconstitucional pelo STF por ocasião do julgamento da ADI nº 2.324/DF.

O §3º do artigo 56 da LRF trata da questão da publicidade e transparência das contas, que deverão ter "ampla divulgação dos resultados da apreciação das contas, julgadas ou tomadas".

Por sua vez, no artigo 57 da LRF encontramos o prazo para emissão do Parecer Prévio (sessenta dias a contar do recebimento das contas; cento e oitenta dias no caso de municípios que não sejam capitais de Estado e tenha população inferior a duzentos mil habitantes, conforme §§1º e 2º do artigo) e no artigo 58 impõe que seja evidenciado

> o desempenho da arrecadação em relação à previsão, destacando as providências adotadas no âmbito da fiscalização das receitas e combate à sonegação, as ações de recuperação de créditos nas instâncias administrativa e judicial, bem como as demais medidas para incremento das receitas tributárias e de contribuições.

Já o artigo 59 da LRF é o que atribui as competências de fiscalização ao Tribunal de Contas (além do Poder Legislativo e do controle interno de cada Poder e Ministério Público), do cumprimento dos dispositivos da Lei, e o §º do citado artigo fixou competências específicas para os Tribunais de Contas:

> §1º Os Tribunais de Contas alertarão os Poderes ou órgãos referidos no art. 20 quando constatarem:
> I - a possibilidade de ocorrência das situações previstas no inciso II do art. 4º e no art. 9º;
> II - que o montante da despesa total com pessoal ultrapassou 90% (noventa por cento) do limite;
> III - que os montantes das dívidas consolidada e mobiliária, das operações de crédito e da concessão de garantia se encontram acima de 90% (noventa por cento) dos respectivos limites;
> IV - que os gastos com inativos e pensionistas se encontram acima do limite definido em lei;
> V - fatos que comprometam os custos ou os resultados dos programas ou indícios de irregularidades na gestão orçamentária.
> §2º Compete ainda aos Tribunais de Contas verificar os cálculos dos limites da despesa total com pessoal de cada Poder e órgão referido no art. 20.
> §3º O Tribunal de Contas da União acompanhará o cumprimento do disposto nos §§2º, 3º e 4º do art. 39.

Nesse sentido, José Maurício Conti[118] destaca que os alertas:

> informam os gestores sobre ultrapassagem de limites de gastos e endividamento, indícios de irregularidades e outros que possam comprometer a boa gestão das contas públicas. Atualmente tem sido intensificado seu uso, mostrando esta importante ação de natureza preventiva, seguramente a melhor forma de evitar a má gestão das contas públicas.

Para Luiz Henrique Lima[119] os alertas cumprem a função informativa exercida pelos Tribunais de Contas.

No âmbito do Tribunal de Contas da União não existe disposição expressa sobre os alertas no Regimento Interno da Corte, por sua vez, no TCE-PR (objeto desta pesquisa) o procedimento do alerta está disciplinado nos artigos 283 e seguintes do Regimento Interno, devendo a autoridade alertada "diligenciar para que sejam adotadas as providências cabíveis".[120]

No que se refere à publicação, o alerta é publicado no Diário Eletrônico do Tribunal de Contas do Estado do Paraná (DETC), bem como é passível de pesquisa *on-line* no *site* da corte, em *link* próprio.[121] O procedimento para emissão do alerta é diferente para os Poderes Executivo e Legislativo estadual e Poderes Executivo e Legislativo municipais.

Para as autoridades municipais (Prefeito e Presidente de Câmara de Vereadores), o procedimento do alerta é disciplinado no artigo 286-A do Regimento Interno do Tribunal de Contas do Estado do Paraná (RITCE-PR), que determina a utilização do sistema eletrônico do TCE-PR, com ciência da leitura feita no próprio *site* do Tribunal de Contas; enquanto não se efetuar a leitura do alerta não poderão ser feitas novas remessas de dados e informações pela entidade alertada.

Ainda no âmbito dos municípios, o artigo 286-A dispõe que o alerta será publicado DETC e no *site* do TCE-PR (§§1º, 2º e 3º), dispensada qualquer manifestação por parte do destinatário (§4º), com a

---

[118] CONTI, José Maurício. *Tribunais de Contas são guardiões do dinheiro público.* p. 4. Disponível em: https://www4.tce.sp.gov.br/sites/tcesp/files/downloads/20140117-artigo-conti-tribunais.pdf. Acesso em: 27 dez. 2022.
[119] LIMA, Luiz Henrique. *Op. cit.* p. 99.
[120] Artigo 284 do Regimento Interno do TCE-PR.
[121] *Vide*: https://servicos.tce.pr.gov.br/TCEPR/Municipal/SIMAM/Paginas/ConsultaAlertaDOE.aspx.

possibilidade de impugnação à análise dos dados que subsidiaram a emissão do alerta, mediante procedimento administrativo próprio (§5º).

Na hipótese do alerta direcionado aos municípios, o RITCE-PR dispõe que tanto o acompanhamento da gestão fiscal municipal quanto a expedição dos alertas cabe à CAGE – Coordenadoria de Acompanhamento de Atos de Gestão (inciso IX do artigo 175-H), que possui prazo de cinco dias para expedição do ato, na forma do artigo 395, XI, do Regimento Interno.[122]

Ainda, destaca-se que por disposição expressa do §3º do artigo 286 do RITCE-PR "os alertas deverão ser considerados por ocasião do julgamento das contas do respectivo exercício".[123]

Além dos alertas previstos no artigo 59 da LRF, o artigo 5º da Lei nº 10.028/00[124] tipificou hipóteses de infrações administrativas contra as leis de finanças públicas, cuja competência de julgamento é dos Tribunais de Contas.

Além disso, a Resolução nº 18/2001 do Senado Federal atribuiu ao Tribunal de Contas (conforme sua jurisdição) a responsabilidade pela emissão da certidão de cumprimento das condições fixadas pela LRF para se autorizar operações de crédito pleiteadas pelos Estados, Distrito Federal e Municípios e suas entidades da administração direta e indireta, documento obrigatório para instrução dessa modalidade de empréstimos.

---

[122] No caso do TCE-PR, conforme dispõe parágrafo único do artigo 18 da IN nº 174/2022: "a observância das restrições previstas na LRF, quando da infringência aos limites mencionados nos incisos II e III do *caput*, decorre de norma legal e independe do recebimento da notificação de alerta" – o inciso II aqui mencionado diz respeito ao limite prudencial de 95% do limite de despesas com pessoal.

[123] §3º do artigo 286 do Regimento Interno do TCE-PR.

[124] Art. 5º Constitui infração administrativa contra as leis de finanças públicas:
I – deixar de divulgar ou de enviar ao Poder Legislativo e ao Tribunal de Contas o relatório de gestão fiscal, nos prazos e condições estabelecidos em lei;
II – propor lei de diretrizes orçamentárias anual que não contenha as metas fiscais na forma da lei;
III – deixar de expedir ato determinando limitação de empenho e movimentação financeira, nos casos e condições estabelecidos em lei;
IV – deixar de ordenar ou de promover, na forma e nos prazos da lei, a execução de medida para a redução do montante da despesa total com pessoal que houver excedido a repartição por Poder do limite máximo.
§1º A infração prevista neste artigo é punida com multa de trinta por cento dos vencimentos anuais do agente que lhe der causa, sendo o pagamento da multa de sua responsabilidade pessoal.
§2º A infração a que se refere este artigo será processada e julgada pelo Tribunal de Contas a que competir a fiscalização contábil, financeira e orçamentária da pessoa jurídica de direito público envolvida.

Ou seja, todo o arcabouço normativo trazido pela LC nº 101/00 revela que é indissociável falar da Lei de Responsabilidade Fiscal sem vincular a atividade de controle externo realizada pelos Tribunais de Contas no Brasil.

Nesse sentido, Bruno Dantas e Frederico Dias[125] defendem que "o Tribunal de Contas da União é responsável por cuidar das contas nacionais, mas, sobretudo, assim como o Supremo Tribunal Federal é o guardião da Constituição, o Tribunal de Contas da União é o guardião da Lei de Responsabilidade Fiscal", posicionamento que podemos estender aos demais Tribunais de Contas existentes no Brasil.

---

[125] DANTAS, Bruno; DIAS, Frederico. *Op. cit.* p. 118.

CAPÍTULO 4

METODOLOGIA

Para alcançar o objetivo do trabalho foi utilizada a pesquisa documental, para analisar a atuação do TCE-PR referente à fiscalização das vedações estabelecidas pelo parágrafo único do artigo 22 da Lei de Responsabilidade Fiscal.

O objeto da análise é o Poder Executivo dos municípios do Estado do Paraná, compreendendo os exercícios financeiros de 2017, 2018 e 2019, não sendo analisado o ano de 2020 devido à incidência da LC nº 173/20 neste exercício financeiro.

Por meio de pesquisa realizada no *site* do TCE-PR buscou-se procedimentos específicos na legislação da Corte que visem a fiscalização das vedações do parágrafo único do artigo 22 da LRF nos Poderes e órgãos que receberam alerta prudencial.

Destacamos que o *site* do TCE-PR não permite a realização de consulta processual por assuntos específicos, e o acompanhamento dos processos em trâmite na Corte somente é possível com o número do protocolo, o que dificulta um levantamento mais abrangente de processos envolvendo a fiscalização das despesas com pessoal.

Após a pesquisa inicial, e com base nas informações levantadas, foi realizada entrevista com membros e servidores do TCE-PR, por meio de formulário de pesquisa qualitativa, contendo 4 perguntas abertas de livre resposta, pertinentes ao tema da pesquisa, tendo como objetivo verificar qual a opinião que os integrantes da Corte possuem sobre a fiscalização exercida pelo órgão nos casos em que é ultrapassado o limite prudencial.

A partir do recebimento das respostas, realizou-se pesquisa nos procedimentos indicados pelos entrevistados, consistentes nos alertas, PAF – Plano Anual de Fiscalização – e nos registros de admissão de pessoal, bem como os resultados processuais obtidos na atuação fiscalizadora da Corte.

Também foram pesquisados demais casos de atuação controladora do TCE-PR referente à fiscalização das vedações do limite prudencial, como decisões em processos de denúncias, representações ou Tomadas de Contas Extraordinárias.

No caso dos municípios listados nas Tabelas 2, 3 e 4, todos com população superior a 50 mil habitantes, em que a LRF obriga a emissão do RGF para a verificação dos limites totais de despesa com pessoal ao final de cada quadrimestre, utilizou-se a seguinte metodologia:

– Nos municípios onde o Poder Executivo recebeu o alerta prudencial, foram utilizadas as informações constantes dos relatórios de análise fiscal disponíveis no TCE-PR, no endereço eletrônico https://servicos.tce.pr.gov.br/TCEPR/Municipal/SIMAM/Paginas/Rel_AGF.aspx;
– Foi elaborado um gráfico para acompanhar o índice da despesa com pessoal de cada um dos municípios alertados prudencialmente no período de 2017 a 2019, com a finalidade de verificar por quanto tempo cada Poder Executivo permaneceu com a despesa de pessoal acima de 95% da RCL, bem como acompanhar a evolução ou queda do gasto em cada caso;
– Devido ao fato do Regimento Interno do TCE-PR dispor que os alertas devem ser considerados para fins da emissão de parecer prévio e julgamento das contas dos gestores,[126] foi feita a verificação dos Acórdãos de Parecer Prévio de cada um dos municípios constantes das Tabelas 2, 3 e 4, para verificar se constou do opinativo o fato do Poder Executivo ter ultrapassado o limite prudencial durante o exercício;
– Também foi pesquisado na página de jurisprudência do TCE-PR a existência de decisões referentes ao parágrafo único do artigo 22 da LRF nesses municípios e que tenham sido publicadas entre os anos de 2017 até a data de 20.12.2022.

No caso dos municípios com população abaixo de 50 mil habitantes, foi pesquisada a atuação do TCE-PR na fiscalização realizada

---

[126] §3º do artigo 286 do Regimento Interno do TCE-PR: Os alertas deverão considerados por ocasião do julgamento das contas do respectivo exercício.

por meio do PAF, dos atos de registro de admissão de pessoal e demais processos controladores, a exemplo das denúncias, representações e Tomadas de Contas Extraordinárias.

Há que se destacar que a base de dados do TCE-PR é de consulta pública, com fácil verificação da fonte de pesquisa por meio do acesso à sua página de *internet*. Essa base de dados permite localizar no sistema da Corte a análise da gestão fiscal de cada um dos municípios englobados na pesquisa, consubstanciado num relatório objetivo referente ao cumprimento das disposições da LRF,[127] e também os alertas emitidos.

Após a compilação de todos os dados acima expostos, verificamos se o TCE-PR fiscaliza, ou não, a implementação das restrições impostas pelo parágrafo único do artigo 22 da LRF ao Poder Executivo municipal que está acima do limite prudencial, bem como a forma que eventuais fiscalizações são realizadas, indicando proposta de aprimoramento.

---

[127] Disponível em: https://servicos.tce.pr.gov.br/TCEPR/Municipal/SIMAM/Paginas/Rel_AGF.aspx.

CAPÍTULO 5

ANÁLISE DOS DADOS OBTIDOS NA PESQUISA

A pesquisa realizada pelo autor não encontrou nenhum ato normativo específico que permita a fiscalização permanente, pelo TCE-PR, do cumprimento das vedações do parágrafo único do artigo 22 da LRF nos municípios que ultrapassam o limite prudencial.[128]

Também não foi encontrado nenhum gráfico contendo a evolução da despesa com pessoal dos municípios que receberam alerta prudencial, nem um relatório sobre quais municípios excederam a despesa com pessoal aos 95% da RCL, nem informações sobre tempo de permanência ou redução a patamar inferior ao limite prudencial, após alertados.

Conforme já destacado, o TCE-PR prevê, além do alerta 90%, a emissão do alerta quando a despesa com pessoal exceder 95% da RCL. Deste modo, o Poder ou órgão alertado deve observar as vedações determinadas no parágrafo único do artigo 22 da Lei quando a despesa com pessoal ultrapassar o limite prudencial do respectivo Poder ou órgão.[129]

Na introdução deste livro constam 3 tabelas elaboradas pelo autor referentes aos Poderes Executivos de municípios do Estado do Paraná com população com mais de 50 mil habitantes que receberam alerta prudencial entre os anos de 2017 a 2019, em que demonstrou-se que 23 de 36 cidades ultrapassaram o índice de 95% do limite total fixado para a despesa com pessoal, o que representa 63,88% dos casos.

---

[128] Nesse sentido, buscou-se a existência de algum procedimento de fiscalização permanente para os casos do limite prudencial ultrapassado.
[129] Conforme dispõe o inciso III do artigo 18 da IN nº 174/2022 do TCE-PR.

Com base nas 3 tabelas e nos dados constantes da análise de gestão fiscal dos municípios alertados, disponível no endereço eletrônico https://servicos.tce.pr.gov.br/TCEPR/Municipal/SIMAM/Paginas/Rel_AGF.aspx do *site* do TCE-PR, foi possível verificar o valor exato da despesa com pessoal de cada um dos Poderes Executivos ao final de cada um dos 3 quadrimestres dos exercícios de 2017, 2018 e 2019.

A compilação das despesas com pessoal dos municípios acima de 50 mil habitantes (nos quais o RGF é de emissão obrigatória ao final de cada quadrimestre) demonstrou que na maioria dos casos estes permaneceram acima do limite prudencial por mais de um quadrimestre seguido, conforme se demonstra no Gráfico 1:

Gráfico 1 – Compilados da despesa com pessoal/ RCL de 2017 a 2019, por quadrimestres, nos municípios paranaenses acima de 50 mil habitantes

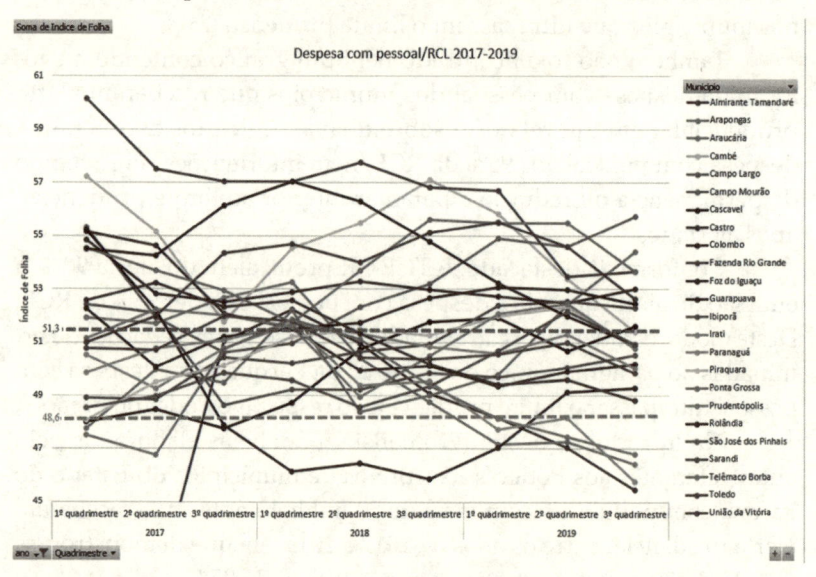

Fonte: próprio autor a partir de dados obtidos no *site* do TCE-PR.

A análise do gráfico sobre o período revela que 4 municípios excederam o limite prudencial uma única vez e reduziram a despesa com pessoal posteriormente, mantendo-se abaixo do índice de 95% da RCL em gastos com pessoal: Almirante Tamandaré, Irati, São José dos

Pinhais e Telêmaco Borba; 17 municípios permaneceram acima do limite prudencial por mais de um quadrimestre seguido e destes:

- Arapongas, Campo Largo, Cascavel, Paranaguá, Sarandi e Toledo entraram no limite prudencial e reduziram posteriormente as despesas com pessoal;
- Cambé, Colombo, Fazenda Rio Grande, Ponta Grossa, Rolândia e União da Vitória excederam o limite total e permaneceram nesse quadro por mais de um quadrimestre, ficando acima do limite prudencial durante os exercícios de 2017, 2018 e 2019;
- Araucária e Campo Mourão ultrapassaram o limite prudencial, reduziram a despesa e ao final extrapolaram o limite total;
- Ibiporã ultrapassou o limite prudencial e se manteve acima deste índice;
- Guarapuava, Piraquara e Prudentópolis ultrapassaram o limite prudencial, reduziram a despesa, elevando-a novamente acima do limite prudencial.

Em que pese constar do gráfico, a partir de consulta às análises da gestão fiscal de Foz do Iguaçu, verificou-se que o Poder Executivo do município solicitou a reapreciação dos índices apurados nas análises de gestão fiscal em todos os quadrimestres do período de 2017 a 2019, mediante procedimento previsto pelo TCE-PR, sendo apontados gastos inferiores àqueles que serviram de parâmetro para a emissão dos alertas recebidos no período, acabando por considerar a despesa abaixo do limite prudencial.

Os municípios de Arapongas e União da Vitória também solicitaram reapreciação do índice para os 1º e 2º quadrimestres do exercício de 2017, mas ainda assim permaneceram acima do limite prudencial.

A reapreciação é realizada quando os Poderes ou órgãos sob a jurisdição do TCE-PR divergem sobre a inclusão de determinados elementos de despesa no cálculo do gasto com pessoal, tendo como exemplo a inclusão no índice de folha de despesas com médicos especialistas terceirizados em cidades onde só existe o cargo efetivo de médico clínico geral.

O procedimento da reanálise de gestão fiscal é disciplinado pela Instrução de Serviço nº 117/2018[130] do TCE-PR, autuados por meio de demandas[131] no canal de comunicação da Corte, as quais não são de acesso público. Referente à reapreciação dos índices apurados nas análises, que será autuada como requerimento externo[132] e sua consulta só é possível a partir do número do procedimento.

No geral, a análise dos municípios com população acima de 50 mil habitantes revela que em 73,91% dos casos estes permaneceram acima do limite prudencial por mais de um quadrimestre seguido.

A pesquisa jurisprudencial realizada nos 23 municípios com população acima de 50 mil habitantes que receberam alerta prudencial revelou que, além de casos envolvendo registros de admissão de pessoal, não foi encontrado nenhum Acórdão específico sobre a fiscalização e o cumprimento das restrições do parágrafo único do artigo 22 da LRF.[133]

Isso justifica uma atuação permanente do TCE-PR na fiscalização das vedações do parágrafo único do artigo 22 da LRF, pois não pode ser considerada uma conduta normal da gestão permanecer por vários períodos acima do limite prudencial, conforme destacaremos no capítulo 6.

Além das informações disponíveis para consulta pública sobre a atuação do TCE-PR na questão, foi elaborado um questionário de pesquisa, na plataforma do Google Formulários, com o documento encaminhado a 2 membros e 4 servidores da Corte (previamente contatados sobre a pesquisa e informados que as respostas seriam recebidas de forma anônima), e 4 destinatários responderam ao formulário de pesquisa, na seguinte forma:

Questão 1 – Como está estruturada a fiscalização do cumprimento das normas da Lei de Responsabilidade Fiscal sobre a despesa com

---

[130] Disponível em: https://www1.tce.pr.gov.br/conteudo/instrucao-de-servico-n-117-de-9-de-janeiro-de-2018/310349/area/249.

[131] Segundo o manual de instruções ao jurisdicionado do TCE-PR a demanda é "uma seqüência de interações, entre o TCEPR e uma Entidade Jurisdicionada, através de seus interlocutores, a fim de obter esclarecimentos, obter suporte para uso dos sistemas do TCEPR, obter informações junto a um Jurisdicionado, ou atender a muitas outras necessidades de comunicação, em substituição ao uso do telefone e do correio eletrônico". É vedado o uso da demanda para comunicação de atos processuais e realização de consulta, conforme se extrai do *link* https://www1.tce.pr.gov.br/multimidia/2019/5/pdf/00336980.pdf.

[132] O requerimento externo é disciplinado pela Instrução de Serviço nº 115/2017 do TCE-PR, disponível em: https://www1.tce.pr.gov.br/multimidia/2020/4/docx/00344382.docx.

[133] Pesquisa realizada no *link* https://www1.tce.pr.gov.br/busca/jurisprudencia/area/242 com o indexador "limite prudencial".

pessoal do TCE-PR? Está a cargo de alguma unidade técnica específica? Há procedimentos e processos específicos? Qual é sua opinião a respeito dessa estrutura?

Primeira resposta:

Os alertas podem ser emitidos por duas unidades, a CAGE (art. 175-H, IX, RI), e a CGE (art. 175-J, V, RI). As demais unidades técnicas podem realizar procedimentos de fiscalização fundamentados na LRF, seja nas instruções processuais, nas auditorias, nas inspeções, e nos monitoramentos, conforme o planejamento de cada área, que é orientado pelo Plano Anual de Fiscalização – PAF.

Segunda resposta:

Importante registrar que a Lei de Responsabilidade Fiscal, definiu em seu art. 54 que ao final de cada quadrimestre será emitido pelos titulares dos Poderes e órgãos referidos no art. 20 o Relatório de Gestão Fiscal (RGF). Nos termos do art. 63 é facultado aos municípios com população inferior a cinquenta mil habitantes optar por divulgar o relatório semestralmente. O Relatório de Gestão Fiscal (RGF) é um dos instrumentos de Transparência da Gestão Fiscal e objetiva o controle, o monitoramento e a publicidade do cumprimento, por parte dos entes federativos, dos limites estabelecidos pela LRF: Despesas com Pessoal, Dívida Consolidada Líquida, Concessão de Garantias e Contratação de Operações de Crédito. Todos esses limites são definidos em percentuais da Receita Corrente Líquida (RCL), que é apurada em demonstrativo próprio elaborado e publicado por ...

No âmbito Estadual a competência analisar os Relatórios de Gestão Fiscal para apuração dos gastos com pessoal e formalizar os procedimentos de alerta é de responsabilidade da CGE – Coordenadoria de Gestão Estadual. No âmbito Municipal a atribuição para gerar o Relatório de Gestão Fiscal, quadrimestralmente ou semestralmente de forma eletrônica e sistematizada, com base nas informações coletadas mensalmente pelo Sistema de Informações Municipais é da Coordenadoria de Gestão Municipal. A Coordenadoria de Acompanhamento de Atos de Gestão é responsável pelo acompanhamento da gestão fiscal e expedição dos alertas previstos no art. 59, §1º, da Lei Complementar nº 101/2000.

Entendo que a forma de análise dos gastos com pessoal atende perfeitamente as exigências da LRF. O fato do Tribunal de Contas dispor de uma ferramenta de coleta de dados, cujas informações são padronizadas, permitem a apuração de forma célere e padronizada dos gastos com pessoal dos entes municipais.

> Terceira resposta:
>
> Entendo que a forma de análise dos gastos com pessoal atende perfeitamente as exigências da LRF. O fato do Tribunal de Contas dispor de uma ferramenta de coleta de dados, cujas informações são padronizadas, permitem a apuração de forma célere e padronizada dos gastos com pessoal dos entes municipais.
>
> Quarta resposta:
>
> As despesas municipais são acompanhadas pela Coordenadoria de Gestão Municipal (CGM) e as despesas estaduais pela Coordenadoria de Gestão Estadual (CGE). Os alertas aos executivos e legislativos municipais são expedidos por meio de sistema eletrônico, nos termos do art. 286-A do Regimento Interno. Os alertas aos poderes e órgãos estaduais são expedidos nos termos previstos no art. 286 do Regimento Interno.
> Além disso, nos processos em que é analisada a legalidade das admissões de pessoal para fins de registro (atribuição prevista no art. 71, III, da Constituição da República, com dispositivos simétricos na Constituição Estadual), o Tribunal avalia se foi observada a restrição fixada na Lei de Responsabilidade Fiscal.
> A estrutura e os procedimentos parecem-me adequados.

Da análise das respostas é perceptível que os entrevistados consideram que o TCE-PR fiscaliza o limite das despesas com pessoal previsto na LRF, dando ênfase ao RGF e aos alertas, destacando a atuação das unidades técnicas da Corte, com menção ao PAF – Plano Anual de Fiscalização e aos registros de admissão de pessoal.

A existência de uma unidade técnica específica para fiscalizar a gestão municipal é algo importante sob o ponto de vista de efetividade do controle externo, pois permite a fiscalização permanente dos atos de gestão (incluindo os atos de pessoal) do Poder Executivo e Legislativo.

Questão 2 – Uma vez excedido o índice de 95% do limite de despesa com pessoal pelo Poder Executivo Municipal, existe um procedimento padrão no TCE-PR para fiscalizar a implementação das restrições impostas pelo parágrafo único do artigo 22 da LRF?

> Primeira resposta:
>
> A fiscalização da implementação das restrições é realizada por acompanhamento, e também por meio do exame das prestações de contas anuais. Todas as admissões de pessoal realizadas por concurso ou teste seletivo devem ser encaminhadas ao TCE para registro, e, em sua análise,

um dos pontos de verificação é a observância das prescrições da LRF, entre as quais, as vedações do parágrafo único do art. 22. Do contrário, as admissões podem ter seu registro negado.

Segunda resposta:

Uma vez excedido o índice de 95% da despesa total com pessoal, em determinado período de apuração (quadrimestral ou semestral) nos termos do art. 59, §1º, da Lei de Responsabilidade Fiscal, o Tribunal expedirá alerta. O alerta é dirigido aos chefes dos Poderes Executivo e Legislativo estadual e municipal, e no caso de órgãos, aos seus representantes legais. O alerta de que trata este artigo dispensa qualquer manifestação por parte do seu destinatário quanto ao seu teor. Não existe procedimento específico para fiscalizar todas as vedações. Contudo, há uma exceção. Considerando que cabe ao Tribunal apreciar, para fins de registro, a legalidade dos atos de admissão de pessoal, a qualquer título, na administração direta ou indireta, incluídas as fundações instituídas e mantidas pelo Poder Público, no âmbito estadual e municipal, excetuadas as nomeações para cargo de provimento em comissão, a Coordenadoria de Acompanhamento de Atos de Gestão - CAGE, unidade competente pela análise, ao instruir o processo de análise consulta o Relatório de Gestão Fiscal do ente objetivando verificar se a contratação ocorreu no período de vedação. Caso seja constatado que a contratação ocorreu em período de restrição, após contraditório e ampla defesa, poderá ser negado o registro.

Terceira resposta:

O cumprimento das restrições de índice de pessoal são efetuados na forma e procedimentos especificados na resposta anterior, tanto nos procedimentos de prestações de contas, atos de gestão e fiscalizações do PAF, inclusive as medidas de retorno aos limites da LRF.

Quarta resposta:

Sim. No âmbito das unidades técnicas (Coordenadoria de Gestão Municipal e Coordenadoria de Gestão Estadual) existem divisões específicas (denominadas 'gerências') encarregadas desse acompanhamento. Caso o limite de 100% seja atingido, o acompanhamento técnico é convertido em processo de monitoramento, com designação de relator.

Uma das respostas à segunda questão confirma a inexistência de um procedimento específico para fiscalização das restrições do parágrafo único do artigo 22 da LRF, mas aponta a existência de procedimentos típicos do controle externo realizado pelos Tribunais de Contas, consistentes no acompanhamento, auditoria e, novamente, menção ao registro das admissões de pessoal.

Referente ao acompanhamento, a consulta ao *site* do TCE-PR não encontrou processo de acompanhamento referente aos municípios que receberam o alerta prudencial da Corte, sendo encontrados acompanhamentos referentes aos relatórios finais do PAF, que serão analisados na seção 5.1.

Por outro lado, a terceira resposta fez nova menção ao processo de registro de admissão de pessoal, que será objeto de análise na seção 5.2 desta obra.

Questão 3 – O alerta prudencial, disposto no artigo 18, II, da IN nº 174/22, após expedido, tem algum acompanhamento pelo TCE-PR referente à implementação das restrições previstas na Lei de Responsabilidade Fiscal?

A questão três foi respondida pelos três primeiros entrevistados de forma objetiva, sendo informado que: 1ª resposta: "Sim, a atribuição de realizar o acompanhamento da gestão fiscal municipal é prevista em Regimento Interno (arts. 175-H, IX)"; 2ª resposta: "O Tribunal não dispõe de ferramentas ou procedimentos específicos para acompanhamento das restrições"; 3ª resposta: "Na forma das respostas anteriores".

A quarta resposta foi a seguinte:

> Sim. O acompanhamento técnico é realizado por gerências específicas no âmbito da Coordenadoria de Gestão Municipal e da Coordenadoria de Gestão Estadual. Caso o limite de 100% seja atingido, o acompanhamento técnico é convertido em processo de monitoramento, com designação de relator.

A segunda resposta mais uma vez confirma que o TCE-PR não adota um procedimento específico para fiscalizar a implementação das vedações do parágrafo único do artigo 22 da LRF, e a quarta resposta se refere à hipótese de exceder ao limite total das despesas com pessoal, que não é objeto da pesquisa.

Questão 4 – Existe algum acompanhamento do TCE-PR para os casos em que os Municípios permanecem gastando mais de 95% do limite de despesa com pessoal por mais de um quadrimestre seguido?

A primeira e a terceira resposta foram: 1ª: "Segundo o Regimento Interno do TCE-PR, referido acompanhamento está a cargo da

Coordenadoria de Acompanhamento de Atos de Gestão (arts. 175-H, IX)"; e, 3ª: "Através dos procedimentos e unidades mencionadas nas respostas anteriores".

A segunda resposta informou que:

> O acompanhamento decorre da própria LRF que impõe, em seu art. 54, que ao final de cada quadrimestre ou semestre (para os municípios com população inferior a 50 mil habitantes), seja emitido o Relatório de Gestão Fiscal pelos titulares dos Poderes e órgãos referidos no art. 20 que será analisado pelo TCE-PR.

A quarta resposta informou que:

> Sim. O acompanhamento realizado pelas unidades técnicas é convertido em processo formal, com designação de relator, citação dos responsáveis e segue a tramitação como nos demais processos de controle externo no âmbito do Tribunal de Contas.

As respostas à pergunta foram ambíguas, pois não informam a existência de nenhum caso prático de acompanhamento em municípios que receberam o alerta prudencial por mais de um quadrimestre seguido, além de remeter a questão unicamente à análise do RGF e nos casos de conversão do acompanhamento em "processo formal".

Por outro lado, as respostas indicaram dados que eram desconhecidos da pesquisa, referentes ao Plano Anual de Fiscalização – PAF – e aos atos de registro de admissão de pessoal, os quais abordaremos na sequência.

5.1 Fiscalização das vedações do parágrafo único do artigo 22 pelo TCE-PR nos Municípios que ultrapassaram o limite prudencial realizadas por meio do PAF e processos controladores

Pesquisando sobre o PAF – Plano Anual de Fiscalização, indicado pelos entrevistados em mais de uma resposta às questões realizadas, foi encontrado *link* específico no *site* do TCE-PR (https://www1.tce.pr.gov.br/conteudo/plano-anual-de-fiscalizacao-paf/235000/area/47), que remete sua regulamentação ao artigo 260 do Regimento Interno do TCE-PR, informando ainda que:

a estruturação do Plano Anual de Fiscalização é uma das medidas adotadas pelo TCE-PR para se alinhar com as diretrizes de controle externo estabelecidas pela Associação de Membros dos Tribunais de Contas do Brasil (ATRICON), procedimentos e condutas que representam boas práticas e que visam uma atuação mais uniforme, integrada e efetiva dos Tribunais de Contas em território nacional. A elaboração e a supervisão do PAF em âmbito municipal, assim como a consolidação das fiscalizações prioritárias em âmbito estadual, são competências da Coordenadoria-Geral de Fiscalização (CGF), que tem por objetivo melhorar o planejamento e a integração das fiscalizações e, com isso, aprimorar o controle externo.[134]

O PAF é o plano de fiscalização executado pelo TCE-PR no âmbito da administração pública estadual e municipal. Ele informa que os objetos de análise se alternam a cada exercício, sendo definidos previamente pela Coordenadoria-Geral de Fiscalização e aprovados pelo Tribunal Pleno da Corte, após encaminhamento de análise pelo Presidente do Tribunal de Contas.

Ao analisar o PAF referente ao exercício de 2017[135] verificamos que um dos seus escopos foi a realização de auditoria na folha de pagamentos em 12 municípios do Estado do Paraná (sorteados previamente) com população entre 10.000 e 50.000 habitantes, com a emissão de relatório específico. A motivação do escopo se deu pelo fato de que:

> a remuneração dos servidores públicos representa grande proporção dos gastos públicos. No ano de 2016 as despesas com pessoal nos municípios paranaenses – Executivo e Legislativo – representaram, aproximadamente, 51,51% da receita corrente líquida, ou seja, mais metade dos valores disponíveis foram destinados ao pagamento de pessoal, conforme informações do Sim-AM.
> Ademais, até outubro do corrente ano, 261 dos 399 municípios do Paraná receberam alerta por excesso de gastos de pessoal, nos termos do artigo 22 da Lei Complementar 101/2000.

O relatório do PAF 2017 revelou irregularidades em todas as questões de auditorias postas, demonstrando que em 10 dos 12 municípios auditados ocorreu o pagamento de hora extra em período vedado

---

[134] Disponível em: https://www1.tce.pr.gov.br/conteudo/plano-anual-de-fiscalizacao-paf/235000/area/47. Acesso em: 15 out. 2022.
[135] Relatório disponível para *download* em: https://www1.tce.pr.gov.br/conteudo/paf2017/319600. Acesso em: 16 out. 2022.

pelo parágrafo único do artigo 22 da LRF, o que representa mais de 83% dos municípios auditados.[136] No PAF referente ao exercício de 2018 um dos itens de fiscalização e auditoria foi o "acompanhamento dos atos de pessoal: verificação da regularidade na realização de despesas com folha de pessoal dos municípios paranaenses, ampliando os trabalhos desenvolvidos nos Planos Anuais de Fiscalização dos anos de 2016 e 2017".[137] Nesse PAF não houve delimitação da população dos municípios auditados.

Do relatório do balanço final do PAF 2018[138] consta que foi realizado em 28 municípios do Estado do Paraná (escolhidos mediante sorteio):

> acompanhamento realizado entre 01/06/2018 e 10/12/2018, com o objetivo geral de verificar concomitantemente se a realização de gastos com pessoal dos municípios paranaenses está observando a Lei de Responsabilidade Fiscal (LRF). O escopo do acompanhamento se restringiu a verificar se os municípios paranaenses que estão acima dos limites prudencial e total de despesas com pessoal estão observando as restrições previstas na LRF e adotando as medidas de recondução ao limite.

A fiscalização das disposições do parágrafo único do artigo 22 da LRF nos municípios sorteados para aquele exercício, o TCE-PR (sem discriminar os municípios) revelou que:

- Durante o período em que estavam acima do limite prudencial em 26 municípios (92,85% dos casos) foram concedidos vantagem, aumento, reajuste ou adequação de remuneração a qualquer título;
- Em 23 municípios (82,14% dos casos) foram contratadas horas extras;
- 21 municípios (75% dos casos) realizaram provimento de cargo público, admissão ou contratação de pessoal a qualquer título;
- Em cinco municípios (17,85%) criaram-se cargo, emprego ou função; e

---

[136] Laranjeiras do Sul, Quitandinha, Cambará, Quatro Barras, Carambeí, Siqueira Campos, Faxinal, Jandaia do Sul, Jacarezinho e Mandaguari, conforme consta do *link* disponível em: https://www1.tce.pr.gov.br/multimidia/2018/3/pdf/00325426.pdf. Acesso em: 07 dez. 2022.

[137] Plano Anual de Fiscalização – PAF 2018 disponível para *download* em: https://www1.tce.pr.gov.br/conteudo/paf2018/319599. Acesso em: 16 out. 2022.

[138] Balanço Final do PAF 2018 disponível para *download* em: https://www1.tce.pr.gov.br/conteudo/paf2018/319599. Acesso em: 16 out. 2022.

- Um município fez alteração da estrutura de carreira que implicou em aumento das despesas com pessoal.

Por fim, o PAF do exercício de 2019 abordou a fiscalização das restrições impostas aos municípios acima do limite prudencial, tendo como escopo na área da gestão de pessoas o monitoramento das recomendações feitas aos municípios auditados no PAF 2017, porém em seu balanço final não se fez análise específica das questões envolvendo o limite prudencial e as restrições do parágrafo único do artigo 22 da LRF.[139]

A partir dos escopos dos PAF 2017, 2018 e 2019 e após pesquisa no *link* de jurisprudência do TCE-PR,[140] foram encontradas as decisões oriundas das Tomadas de Contas Extraordinárias nº 22570/21 (relator Conselheiro Artagão de Mattos Leão), nº 18831/21, nº 416261/20 (relatadas pelo Conselheiro Ivens Zschoerper Linhares), nº 16898/21 (relator Conselheiro Durval Amaral) e nº 436246/20 (relator Conselheiro Nestor Baptista) as quais serão abordados em sequência.

Referente à Tomada de Contas Extraordinária nº 22570/21, o TCE-PR julgou irregulares as contas do gestor, conforme se extrai do Acórdão nº 436/22-S1C.[141] Aplicaram-se multas, devido ao fato de ter ocorrido: "a) Concessão de vantagem remuneratória em condição vedada pela LRF; b) Contratação de horas extras em condição vedada pela LRF". Constando do voto relator que "extinguir cargos ou simplesmente não efetivar nova nomeações de nada vale se, no mesmo contexto, forem concedidas horas extras, de forma ilegal, aumentando a despesa com pessoal, tal como no presente caso".

Na Tomada de Contas Extraordinária nº 18831/21, foram julgadas irregulares as contas de Prefeito Municipal, "em razão da concessão de vantagens remuneratórias, nomeação de servidores e pagamento de horas extras, durante o exercício de 2018, em condições vedadas

---

[139] Informações referentes ao PAF 2019 disponíveis em: https://www1.tce.pr.gov.br/conteudo/paf2019/319598. Acesso em: 16 out. 2022.
[140] Endereço eletrônico https://www1.tce.pr.gov.br/busca/jurisprudencia/area/242.
[141] Tomada de Contas Extraordinária. Município de Jacarezinho. Extrapolação do limite prudencial com despesas de pessoal. Concessão de vantagens remuneratórias e de horas extras. Impossibilidade. Violação do art. 22, parágrafo único, I e V, da LC 101/00. Irregularidade. Irregularidade. Multas. Provimento de cargo público, admissão e contratação de pessoal em condição vedada pela LRF. Nomeação de servidores visando evitar a concessão de Jornada Suplementar. Inconformidade com art. 22, parágrafo único, IV, da LC 101/00 que se mitiga a partir de interpretação do caso concreto. art. 22, §1º, do Decreto-Lei nº 4.657/42. Ressalva.

pelo art. 22, parágrafo único, incisos I, IV e V, da Lei Complementar nº 101/2000 – LRF". Com aplicação de multa administrativa ao gestor, conforme consta do Acórdão nº 1506/21-S2C.[142]

Por sua vez, na Tomada de Contas Extraordinária nº 416261/20 foram julgadas irregulares as contas de Prefeita Municipal e da Secretária Municipal de Saúde. Foram aplicadas multas para ambas por terem realizado pagamento de horas extras em período vedado pelo artigo 22 da LRF, conforme consta do Acórdão nº 3792/20,[143] no qual expressamente constou que:

> deve ser expedida determinação ao gestor municipal para que cesse a contratação e o pagamento de horas extras quando a despesa total com pessoal exceder a 95% do limite, nos termos do art. 22, parágrafo único, inciso V, da Lei Complementar n° 101/2000 (Lei de Responsabilidade Fiscal), ressalvadas as exceções indicadas no referido dispositivo.

Tal decisão foi objeto de Recurso de Revista, sendo integralmente mantida pelo Acórdão nº 124/22-TP[144] (relator Conselheiro Fernando Guimarães).

Já a Tomada de Contas Extraordinária nº 16898/21 apurou irregularidades durante a execução do exercício de 2018 no município de São João do Cauiá.[145] Tendo em vista que se "verificou a prática de atos vedados pelo art. 22, parágrafo único, da Lei de Responsabilidade Fiscal. Predisposto que foram realizados gastos com pessoal apesar de

---

[142] Tomada de Contas Extraordinária formulada pela Coordenadoria de Acompanhamento de Atos de Gestão. Achados n° 1, 2 e 3: concessão de vantagens remuneratórias, nomeação de servidores e pagamento de horas extras, durante o exercício de 2018, em condições vedadas pela Lei de Responsabilidade Fiscal. Situação do Poder Executivo Municipal de extrapolação dos limites prudencial e total de despesas com pessoal. Pela irregularidade das contas, com aplicação de multa administrativa.

[143] Tomada de Contas Extraordinária formulada pela Coordenadoria de Monitoramento e Execuções – CMEX. Monitoramento de achados identificados em auditoria na folha de pagamentos do Município de Quitandinha. Inexistência de critérios legais e objetivos quanto à definição do valor do "adicional por execução de serviços" e da "gratificação de função", pagos aos servidores em percentual variável a critério do gestor. Pagamento de horas extras em desconformidade com o art. 22, parágrafo único, V, da Lei Complementar n° 101/00. Pela irregularidade das contas, com aplicação de multas e expedição de determinações.

[144] EMENTA: Recurso de Revista. Tomada de Contas Extraordinária. Auditoria decorrente do PAF 2017. Não atendimento a recomendações. Inexistência de critérios legais e objetivos quanto à definição do valor de adicionais e gratificações. Pagamento de horas extras em desconformidade com a Lei de Responsabilidade desprovimento.

[145] População estimada do município de São João do Cauiá em 2021 era de 5.911 habitantes, conforme pesquisa no site do IBGE, link disponível em: https://cidades.ibge.gov.br/brasil/pr/sao-joao-do-caiua/panorama. Acesso em: 16 jul. 2022.

o município se encontrar à época com o índice de despesas com pessoal acima do limite prudencial". Situação destacada pelo relator, Conselheiro Durval Amaral, no Acórdão nº 3021/21-S1C,[146] que julgou o feito.

Neste processo, foram apurados três achados de auditoria pela Coordenadoria de Acompanhamento de Atos de Gestão – CAGE – do TCE-PR: a) concessão de vantagem remuneratória em condição vedada pela LRF; b) Provimento de cargo público, admissão e contratação de pessoal em condição vedada pela LRF; e, c) contratação de horas extras em condição vedada pela LRF.

Conforme consta do voto relator:

> encaminhado o processo à Coordenadoria de Gestão Municipal, a unidade observou que os achados estão acompanhados de documentação comprobatória, referente ao Apontamento Preliminar de Acompanhamento (APA) n.º 10418, datado de 03/06/19, com notificação do Município das irregularidades cometidas e estipulação de prazo para adoção de medidas para regularização (peça 5); Relatório de Alertas emitidos por este Tribunal, referente ao limite prudencial das despesas com pessoal, que o Município extrapolou (peças 6 a 8); relação das horas extras concedidas em desacordo com a Lei de Responsabilidade Fiscal (peça 9); Relatório da Análise de Gestão Fiscal referente ao Município (peça 10); resposta do Município em relação ao APA n.º 10418 (peça 11), datada de 08/07/19, no qual declara que medidas iria adotar em cerca de um ano para adequação ao índice da Lei de Responsabilidade Fiscal, que seriam a reforma tributária municipal, a reformulação de cargos e salários, revisão de cargos e funções comissionados, e revisão nos valores pagos aos comissionados; e Demanda n.º 197193, do Canal de Comunicação, encaminhada em 16/09/20 por este Tribunal ao Município para que indicasse as medidas tomadas para se adequar ao índice, e justificar o motivo de ainda permanecer descumprindo as restrições do art. 22, parágrafo único, da LRF (peça 12), demanda esta que não foi respondida pelo Município.

As contas foram julgadas irregulares, tendo em vista que o então prefeito municipal "na condição de ordenador de despesas, ciente de que o Poder Executivo municipal figurava com o índice de despesas

---

[146] Tomada de Contas Extraordinária. Município de Santo Antônio do Caiuá Exercício de 2018. Concessão de vantagem remuneratória em condição vedada pela LRF. Provimento de cargo público, admissão e contratação de pessoal em condição vedada pela LRF. Contratação de horas extras em condição vedada pela LRF. Irregularidades verificadas. Aplicação de multas ao gestor responsável e expedição de determinação ao município.

com pessoal acima do limite prudencial (95% do total), onerou ainda mais os cofres públicos".

Foram aplicadas ao gestor multa de três vezes o valor constante na alínea g, do inciso IV do artigo 87 da LOTCE-PR,[147] bem como determinou-se ao gestor ocupante do cargo de prefeito que comprovasse, 30 dias após o encerramento do prazo previsto na LC nº 178/2021, as "medidas adotadas para a regularização do índice de despesa com pessoal".

Por sua vez, na Tomada de Contas Extraordinária nº 436246/20, o Acórdão nº 1786/21-S2C[148] alertou o Prefeito Municipal para, sob pena de multa:

> (i) Cessar a contratação e pagamento de horas extras quando ultrapassado 95% (noventa e cinco) do limite de despesa com pessoal, principalmente fora de situações emergenciais, autorizadas em lei, devidamente motivadas, que possam justificá-las; e
> (ii) Realizar o procedimento previsto na lei municipal para pagamento de horas extras, com a formalização de autorização prévia da respectiva chefia.

Além das citadas Tomadas de Contas Extraordinárias decorrentes dos PAF, a pesquisa na jurisprudência do TCE-PR revelou que o controle externo da implementação das restrições do parágrafo único do artigo 22 da LRF também ocorreu a partir de denúncias e representações feitas por cidadão e vereadores, conforme podemos destacar dos Acórdãos nº 1810/18-TP[149] e 2673/19-TP.

---

[147] Multa que representa o valor de 40 (quarenta) vezes a Unidade Padrão Fiscal do Estado do Paraná – UPFPR, importando num valor de R$5.133,20 levando em consideração o mês de janeiro de 2023 como referência, conforme consulta ao site http://www.idealsoftwares.com.br/indices/upf_pr.html. Acesso em: 01 fev. 2023.

[148] Tomada de Contas Extraordinária. Relatório de Monitoramento em auditoria de folha de pagamento. Comprovado o atendimento, ainda que parcial, às recomendações da equipe de auditoria, que não caracterizam desídia dos gestores que justifique sua condenação. Afastamento das sanções impostas, com a proposta de continuidade do monitoramento, mediante a imposição de determinações. (relator do voto vencedor Conselheiro Ivens Zschoerper Linhares).

[149] Denúncia. Projeto de Lei Complementar objetivando a criação de 52 cargos em comissão quando extrapolados os 95% do limite de gastos com pessoal. Ofensa direta ao artigo 22, parágrafo único, inciso I, da Lei de Responsabilidade Fiscal. Ratificação parcial de medida cautelar, unicamente na parte em que determinou a abstenção de sanção do projeto de lei pelo Prefeito Municipal. Revogação na parte relativa à suspensão da tramitação do Projeto de Lei pela Câmara Municipal.

No primeiro caso, tratou-se de uma denúncia apresentada por cidadão mediante o encaminhamento de projeto de lei visando criar 62 cargos comissionados na estrutura da Prefeitura do município de Fazenda Rio Grande. Município que foi objeto da presente pesquisa, visto que o Poder Executivo local estava alertado por usar 57,93% da RCL em gastos com pessoal.

O relator, Conselheiro Ivens Zschoerper Linhares, expediu decisão cautelar determinando a suspensão da tramitação do processo legislativo em questão.[150] Além disso, caso já estivesse sido encerrado o trâmite na Câmara de Vereadores com a aprovação da matéria, que o Prefeito Municipal se abstivesse de sancionar o referido projeto. Tal cautelar foi homologada de forma unânime pelo Pleno do TCE-PR.

Devidamente intimados, constatou-se que a Câmara Municipal já havia aprovado a matéria em tempo rápido, embora com parecer jurídico contrário, o Prefeito Municipal acatou a decisão do TCE-PR vetando projeto por ele encaminhado. A criação dos cargos comissionados não foi efetivada no município, pois já havia ultrapassado não apenas o limite prudencial (95%), mas extrapolado o limite total de gastos com pessoal.[151]

O procedimento também foi observado no Acórdão nº 2673/19-Tribunal Pleno,[152] também relatado pelo Conselheiro Ivens Zschoerper

---

[150] Consubstanciado no Despacho nº 1008/18, que expediu medida cautelar bivalente: determinou à Câmara Municipal de Fazenda Rio Grande que suspendesse a tramitação do Projeto de Lei nº 018/2018 no estado em que se encontrava; e ao Prefeito Municipal de Fazenda Rio Grande, que se abstivesse de sancionar o Projeto de Lei acaso este já tivesse sido recebido do Poder Legislativo, sob pena de responsabilização solidária dos gestores, devido a flagrante ofensa ao disposto no artigo 22, parágrafo único, II, da LRF.

[151] Sobre o Acórdão nº 1810/18-TP do TCE-PR mencionado é de nossa autoria artigo acadêmico intitulado "Intervenção do Tribunal de Contas do Estado em projeto de lei que apronta a Constituição Federal e a Lei de Responsabilidade Fiscal: caso prático de ativismo controlador?", o qual, além de analisar os fundamentos da decisão que suspendeu a tramitação do referido projeto de lei municipal, também buscou conceituar o termo "ativismo controlador", que definimos como a atividade decisória praticada pelos Tribunais de Contas que expande de maneira proativa a interpretação da Constituição Federal e das normas de direito público em favor do interesse social, impondo condutas e abstenções aos seus jurisdicionados, em se tratando de matérias de sua competência. O referido artigo está publicado no endereço https://sbap.org.br/ebap/index.php/home/article/view/79. Acesso em: 28 set. 2023.

[152] Representação. Projeto de Lei, que visa à criação de cargo público. Município em Alerta prudencial de despesas com pessoal expedido por este Tribunal, no período de apuração encerrada em 30.06.2019. Contrariedade ao art. 22, parágrafo único, inciso II, da Lei de Responsabilidade Fiscal. Ratificação de medida cautelar que determinou a imediata suspensão da tramitação do Projeto de Lei nº 008/2019 enquanto perder o alerta de 95% de despesas com pessoal.

Linhares. Em tal procedimento, o TCE-PR também determinou a suspensão de tramitação de projeto de lei que visava a criação de cargo efetivo por município que havia recebido o alerta prudencial. No caso do município de Uraí,[153] em representação proposta por vereadora da cidade, sendo indicado pelo Conselheiro relator que:

> o Município de Uraí, na data base de 30/06/2019, despendeu 51,97% da receita corrente líquida com despesas de pessoal, estando, portanto, em alerta prudencial de 95%.
> Por tal razão, expediu-se o alerta ao Município de Uraí, conforme veiculação no Diário Eletrônico deste Tribunal sob nº 2129, em 26/08/2019, comunicando o ente municipal das vedações previstas no art. 22 da Lei de Responsabilidade Fiscal.

Tais decisões tiveram como fundamento tanto o artigo 169 da Constituição Federal quanto os artigos 22 e 59 da Lei de Responsabilidade Fiscal e demonstram que, quando provocado, o TCE-PR decide visando o cumprimento das restrições a serem observadas pelos municípios que se encontram acima do limite prudencial nas despesas com pessoal.

5.2 Processos de registro de admissão de pessoal no TCE-PR envolvendo as restrições do parágrafo único do artigo 22 da LRF

A análise das respostas obtidas no questionário de pesquisa levou a busca no *site* do TCE-PR, com o indexador "limite prudencial", decisões que envolvessem a aplicação do parágrafo único do artigo 22 da LRF, referente aos atos de registros de nomeação de servidores em municípios que estavam acima do limite prudencial, foram encontrados 43 acórdãos publicados entre as datas de 01.01.2017 a 20.12.2022.

A pesquisa revelou que o TCE-PR tem validado a nomeação de servidores efetivos em período de vedação estabelecido pelo artigo da 22 da LRF com base no princípio da boa-fé e da segurança jurídica "considerando que os admitidos não deram causa à irregularidade", conforme se extrai do Acórdão nº 3654/17-S2C (relator Conselheiro Ivan

---

[153] Município com população estimada de 11.472 habitantes em 2021, conforme consulta no *site* do IBGE. Disponível em: https://cidades.ibge.gov.br/brasil/pr/urai/panorama. Acesso em: 16 jul. 2022.

Bonilha), que julgou admissões realizadas pelo município de Foz do Iguaçu durante período de alerta prudencial.

A utilização do princípio da segurança jurídica também fundamentou o registro de nomeações ocorridas em período de alerta prudencial nos Acórdãos nº 3090/21-S2C e nº 385/22-S2C (relator Nestor Baptista) e nº 757/22-S1C (relator Conselheiro Ivan Bonilha).

Os Acórdãos nº 2142/20S2C (relator Conselheiro Substituto Cláudio Augusto Kania), nº 833/21-S1C (relator Conselheiro Artagão de Mattos Leão), nº 3788/20-S2C[154] e nº 557/22-TP[155] (ambos do Conselheiro Ivan Bonilha), validaram atos de nomeação ocorridos durante períodos em que os municípios estavam com as despesas com pessoal acima do limite prudencial para cargos que não eram da área de educação e saúde.

A fundamentação das decisões foi o princípio da segurança jurídica (pois o candidato aprovado em concurso público tem direito à nomeação) e o fato de que a ilegalidade – no caso, ultrapassar o limite prudencial – ser de responsabilidade exclusiva do gestor.

Tal fundamentação também embasou o registro de servidores ocorrido no Acórdão nº 1789/19-S1C (relator Conselheiro Substituto Thiago Barbosa Cordeiro):

> também é fato que somente o gestor público da época, Sr. [suprimi], poderia trazer estes esclarecimentos dos motivos que o levaram a realizar as nomeações mesmo tendo ou não conhecimento da infringência dos artigos da LRF, contudo, até a presente data o gestor [suprimi], mesmo tendo sido intimado por diversas vezes, quedou-se inerte, devendo este arcar com as responsabilidades que lhe competiam à época, porém, tal inércia ou irresponsabilidade não pode ser transferida aos admitidos que, na mais absoluta boa-fé, prestaram o concurso e foram convocados a assumir a vaga que lhes era garantida por direito.

O TCE-PR também "admite a concessão de registro quando a extrapolação do limite tiver sido regularizada, tendo em vista os princípios da continuidade dos serviços públicos e da convalidação dos atos",

---

[154] Recurso de Revista. Admissão de pessoal. Município Guaraci. Edital nº 47/2018. Período de alerta prudencial. Ilegalidade atribuível exclusivamente ao gestor. Aplicação dos princípios da segurança jurídica e da boa-fé. Conhecimento e provimento para efeito de conceder registro às admissões.

[155] Admissão de Pessoal. Edital nº 01/2016. Período de alerta prudencial em relação às despesas de pessoal. Segurança jurídica. Pelo registro das admissões.

hipótese validada pelo Acórdão nº 3155/18-TP (relator Conselheiro Ivens Zschoerper Linhares) e pelo Acórdão nº 3386/18-S1C.

Já o Acórdão nº 3482/21-TP (relator Conselheiro Substituto Tiago Alvarez Pedroso) reformou decisão que havia negado registro de admissão. Foi fundamentado no retorno posterior ao limite fixado pela LRF,[156] fundamento também utilizado por este relator nos Acórdãos nº 388/21-S2C, nº 3165/21-S2C, nº 3482/21-S2C, nº 3596/21-S2C, nº 3597/21-S2C e nos Acórdãos nº 3172/20-S2C, nº 379/21-S2C, nº 1642/2021-S2C, nº 2097/21-S2C (relatados pelo Conselheiro Substituto Cláudio Augusto Kania), nº 430/21-S1C (relator Conselheiro Durval Amaral), nº 857/21-S1C, nº 226/22-S1C (relator Conselheiro Substituto Thiago Barbosa Cordeiro), nº 957/21-S2C, nº 49/22-S2C (relator Conselheiro Ivens Zschoerper Linhares), nº 1790/21-S2C (relator Conselheiro Nestor Baptista), nº 2510/21-S1C, nº 3531/21/S1C (relator Conselheiro Substituto Sergio Ricardo Valadares Fonseca).

Casos envolvendo nomeações temporárias para cargos na área da saúde foram validados em município durante período em que se encontravam em alerta prudencial: "não vejo óbice ao registro das admissões em razão de a despesa com pessoal do município superar o limite prudencial (51,30%) estabelecido pela LRF à época das admissões" (Acórdão nº 645/20-S1C, relator Conselheiro Substituto Tiago Alvarez Pedroso), entendimento também adotado em situação similar julgado no Acórdão nº 3302/19-S1C (relator Conselheiro Durval Amaral).

O Acórdão nº 1942/21-S2C (relator Conselheiro Substituto Tiago Alvarez Pedroso) registrou as nomeações temporárias ocorridas no período de vedação do artigo 22 da LRF, pois os contratos já haviam se encerrado, porém aplicou multa ao gestor:

> desta forma, considero cabível a aplicação de uma multa do art. 87, IV, 'g', da Lei Complementar Estadual nº 113/2005, ao responsável pelos atos de contratação, o Prefeito Municipal, Sr. [suprimi], em razão da maioria das admissões temporárias não encontrarem respaldo na norma legal do art. 22, parágrafo único, inc. IV, da LRF.

O Acórdão nº 3743/20S1C (relator Conselheiro Fabio Camargo) determinou o registro das admissões no período em que o índice de

---

[156] Processo nº 594651/21. Ementa: Recurso de Revista. Admissão de pessoal. Contratação temporária encerrada. Alerta de 95% do limite máximo para gastos com pessoal. Art. 22 da LRF. Retorno posterior ao limite. Reforma do Acórdão nº 1386/21-Segunda Câmara.

folha estava acima do limite prudencial. Deixou de aplicar sanção ao gestor pelo fato "do parecer jurídico que instruiu o procedimento das contrações, nada foi apontado referente ao índice de gasto com pessoal acima do alerta prudencial previsto na LRF".

Por outro lado, o Acórdão nº 1409/19-Primeira Câmara[157] (relator Conselheiro Durval Amaral) determinou a suspensão cautelar da nomeação de servidores efetivos aprovados em prévio concurso público no município de Florestópolis. Já estando o processo de admissão de pessoal, no qual estava apensada uma denúncia de que as nomeações se deram em período no qual a Prefeitura Municipal estava com despesas de pessoal acima de 95% da RCL.

O Acórdão – aprovado por unanimidade pela Primeira Câmara do TCE-PR – foi no sentido da:

> adoção de medida cautelar para suspender as nomeações de pessoal de qualquer natureza, inclusive as que decorrem do presente concurso, até que o município retorne o índice de despesa com pessoal para abaixo do limite prudencial de que trata o art. 22, parágrafo único da LRF, bem como declare nulo os atos de provimento de cargo público que ocorreram no período em que o ente esteve acima de tal limite, com fundamento no art. 21 da LRF.

Tal decisão evidenciou uma atuação tempestiva e adequada da Corte, com o entendimento de suspender novas nomeações enquanto o limite da despesa com pessoal estiver acima de 95% também adotado pelos Acórdãos nº 3195/19-S1C (relator Conselheiro Fábio Camargo), nº 985/22-S2C, nº 979/20-S2C, nº 316/20-S2C e nº 4194/19-TP (relatados pelo Conselheiro Ivens Zschoerper Linhares), do qual se extrai a seguinte fundamentação:

> dessa forma, entendo presentes os requisitos autorizadores da medida cautelar, a probabilidade do direito, diante do descumprimento da vedação contida no art. 22, inciso IV, da Lei de Responsabilidade Fiscal, pois o Município já estava alertado das restrições legais desde 23/08/2019 e efetuou admissões não contempladas nas exceções legais, nos meses de outubro e novembro deste ano, e o perigo da demora, uma vez que o Município em razão da vigência do referido concurso, pode

---

[157] Processo de Admissão de Pessoal nº 837239/18. Ementa: Admissão de Pessoal municipal. Inconformidades detectadas pela CAGE no Concurso Público regulamentado pelo Edital nº 001/2018. Suspensão cautelar da convocação dos aprovados. Homologação.

vir a efetuar novas nomeações de servidores em descompasso com a legislação pertinente, fora das exceções legais, o que comprometeria a sua recondução da despesa total com pessoal aos parâmetros permitidos pela Lei Fiscal.

Assim, com fulcro nos arts. 400, § 1º-A, 401, V, e 403, III, do Regimento Interno, merece acolhimento a medida cautelar requerida pela unidade técnica, para o fim de determinar ao Município de Itaúna do Sul que se abstenha de efetuar novas nomeações que não observem as exceções da Lei de Responsabilidade Fiscal até que o ente municipal retorne ao índice de despesa com pessoal para abaixo do limite prudencial de que trata o art. 22, parágrafo único da LRF.

O Acórdão nº 1386/21-S1C (relator Conselheiro Durval Amaral) negou registro de admissão ao cargo de operador de máquinas em contrato por prazo determinado ocorrido em período de alerta prudencial, aplicando multa administrativa ao gestor pelo descumprimento do artigo 22 da LRF – quando do julgamento, o servidor já não fazia mais parte do quadro de funcionários da prefeitura municipal em questão, mas a ilegalidade foi reconhecida.

Os Acórdãos nº 1108/21-S1C (relator Conselheiro Artagão de Mattos Leão) e nº 3276/20-S1C (relator Conselheiro Fábio Camargo) seguiram tal linha de fundamentação. Nestes casos, os municípios em questão haviam extrapolado o limite total da despesa com pessoal (54% da RCL), hipótese em que as restrições do artigo 22 também devem ser observadas.

O Acórdão nº 1214/20-S1C (relator Conselheiro Fernando Guimarães) negou registro a servidora nomeada durante período em que o município estava sob as vedações do artigo 22 da LRF:

> logo, a servidora deverá ser exonerada de suas funções cabendo-lhe somente a remuneração devida pela mão-de-obra fornecida. Todavia, durante o período de validade do certame, havendo o saneamento das contas públicas que permitam a contratação de novos servidores, ela poderá ser readmitida, já que a nova admissão deverá observar a ordem classificatória do concurso, não podendo preterir o candidato aprovado que não teve a sua admissão registrada nesse Tribunal por motivos alheios à sua vontade.

Situação similar ocorreu no Acórdão nº 958/21-S2C (relator Conselheiro Ivens Zschoerper Linhares):

portanto, considerando que à época das nomeações, ocorridas em abril de 2019 as despesas com pessoal do Município estavam acima do limite prudencial, incidem as vedações contidas no art. 22 da Lei de Responsabilidade Fiscal, de modo que só poderiam ocorrem nomeações para reposição decorrente de aposentadoria ou falecimento de servidores das áreas de educação, saúde e segurança.

Referente à análise dos Acórdãos envolvendo admissão de pessoal, demonstrou que na maioria dos casos o TCE-PR defere o registro da admissão com base no posterior retorno aos limites fixados pela LRF. Utilizaram-se do princípio da segurança jurídica e da boa-fé em favor dos servidores devidamente aprovados no concurso público, responsabilizando exclusivamente o Prefeito Municipal pelo atingimento do limite prudencial.

Além disso, há que se destacar que o registro de pessoal, ainda que seja uma modalidade de processo controlador, não se presta ordinariamente à fiscalização do cumprimento dos limites com pessoal estabelecidos pela Lei de Responsabilidade Fiscal.

Além dos casos acima pesquisados, oriundos de processos típicos da jurisdição plena dos Tribunais de Contas, também foi pesquisado se o alerta prudencial e as restrições do artigo 22 da LRF foram objeto de ponderações nos pareceres prévios das contas anuais do chefe do Poder Executivo dos municípios que ultrapassaram o limite prudencial entre 2017 e 2019. Isto em face da disposição do Regimento Interno do TCE-PR que determina tal análise.

5.3 Reflexos nos Pareceres Prévios dos Municípios alertados

Após consulta individual,[158] a cada um dos acórdãos de parecer prévio emitidos pelo TCE-PR sobre as contas anuais dos municípios com população acima de 50 mil habitantes e que receberam alerta prudencial nos exercícios de 2017, 2018 e 2019, constatou-se que em nenhum dos opinativos a questão do atingimento de 95% do limite

---

[158] A consulta individual mencionada pode ser realizada no *site* do TCE-PR por meio do *link* https://www1.tce.pr.gov.br/conteudo/prestacao-de-contas-municipios/214/area/250 permitindo ao pesquisador o acesso ao Acórdão de Parecer Prévio dos últimos 10 exercícios de cada um dos 399 municípios do Estado do Paraná.

com despesas de pessoal foi analisada, apesar do Regimento Interno da corte determinar tal análise.[159] Porém, cabe destacar que o TCE-PR não analisa todos os atos de gestão por ocasião da prestação de contas anual do chefe do Poder Executivo. Ele é delimitado por meio de Instrução Normativa para cada ano-exercício, que seguirão os itens de análise para fins de emissão do parecer prévio, naquilo que se denomina escopo de análise.

Em relação às contas anuais dos chefes do Poder Executivo dos municípios paranaenses referentes ao exercício de 2017, foi editada pelo TCE-PR a Instrução Normativa nº 138/2018[160] que no §2º do artigo 1º define escopo como "o conjunto de aspectos temáticos para ordenação da análise" (inciso I) e itens de análise como o "rol das matérias objeto da análise".

O anexo I da IN nº 138/18 definiu 10 escopos de análise[161] aplicáveis para as contas do chefe do Poder Executivo dos quais, para os fins da presente pesquisa, interessa o item de sequência 7, denominado "Aspectos Fiscais – Lei de Responsabilidade Fiscal" que disciplina 05 itens para análise: 7.1 – Limite de despesas com pessoal – retorno ao limite e/ou redução de 1/3 nos prazos legais;[162] 7.2 – Realização da Audiência Pública para avaliação das metas fiscais; 7.3 – Limite para a Dívida Consolidada – retorno ao limite e/ou redução de 25% nos prazos legais; 7.4 – Publicação dos Relatórios Resumidos da Execução Orçamentária – RREO, no exercício de 2017; 7.5 – Publicação dos Relatórios de Gestão Fiscal – RGF, no exercício de 2017".

---

[159] RITCE-PR. Art. 286.
[...]
§3º Os alertas deverão ser considerados por ocasião do julgamento das contas do respectivo exercício. Tal dispositivo se aplica aos municípios por força do que dispõe o §6º do artigo 286-A do RITCE-PR.

[160] A ementa da IN nº 138/18 assim dispõe: "Estabelece o escopo de análise para as Prestações de Contas Anuais dos Municípios do Estado do Paraná, compreendendo os Poderes Legislativo e Executivo, suas administrações direta e indireta, Consórcios Intermunicipais, Empresas Públicas, Sociedades de Economia Mista e Fundações Públicas de Direito Privado, e dá outras providências".

[161] Os escopos para as contas do chefe do Poder Executivo são os seguintes: 1 – Controle Interno; 2 – Resultado Orçamentário/Financeiro; 3 – Resultado Patrimonial; 4 – Aplicação no ensino básico municipal; 5 – Aplicação em ações de saúde municipal; 6 – Gestão do Regime Próprio de Previdência Social; e, 7 – Aspectos Fiscais – Lei de Responsabilidade Fiscal.

[162] Existe a seguinte observação no item do limite de despesas com pessoal: O cálculo levará em consideração as terceirizações de serviços nas áreas de saúde e educação – art. 18, §1º, da LRF, sendo mencionado como fundamento legal o artigo 23 da LRF.

Ainda que o Regimento Interno do TCE-PR disponha que os alertas devem ser considerados quando da apreciação das contas do respectivo exercício, a delimitação do escopo de análise das contas do exercício de 2017 exigiu apenas a verificação do limite total de despesas com pessoal. Como versa o artigo 23 da LRF, não fazendo menção alguma ao limite de alerta ou ao limite prudencial ou da fiscalização da implementação das obrigações de não fazer constantes do parágrafo único do artigo 22 da LRF. E o item de análise referente ao escopo dos aspectos fiscais da Lei de Responsabilidade Fiscal da despesa com pessoal dos municípios do Estado do Paraná não foi alterado pelo TCE-PR para as contas referentes aos exercícios de 2018 e 2019.

No tocante às contas de 2018, o TCE-PR publicou a Instrução Normativa nº 147/2019,[163] com escopo e itens de análise similar ao da IN anterior (nº 138/18), com o Anexo I estabelecendo os 7 itens referentes às contas do chefe do Poder Executivo, com delimitação apenas ao limite total com pessoal na forma do artigo 23 da LRF, consideradas as terceirizações da saúde e educação.

Para a apreciação e julgamento das contas referentes ao exercício de 2019, o TCE-PR editou a Instrução Normativa nº 151/2020,[164] que seguiu a sistemática dos anos anteriores, concentrando-se apenas na análise do limite integral da despesa total com pessoal, não fazendo nenhuma consideração acerca do limite prudencial.

Assim, os dados levantados pela pesquisa demonstraram que o TCE-PR não levou em consideração o alerta prudencial quando da emissão dos Pareceres Prévios. Tal situação provavelmente se deu pelo fato de o escopo de análise das contas anuais nos três exercícios pesquisados não exigir tal análise, dando-se ênfase às definições das Instruções Normativas anuais em detrimento do Regimento Interno da corte (o que revela uma contradição em que normas inferiores prevalecem sobre a norma geral).

---

[163] A ementa da IN nº 147/19 assim dispõe: Estabelece o escopo de análise para as Prestações de Contas Anuais dos Municípios do Estado do Paraná, compreendendo os Poderes Legislativo e Executivo, suas administrações direta e indireta, Consórcios Intermunicipais, Empresas Públicas, Sociedades de Economia Mista e Fundações Públicas de Direito Privado, e dá outras providências.

[164] A ementa da IN nº 151/20 assim dispõe: Estabelece o escopo e dispõe sobre o processo de análise para as Prestações de Contas Anuais dos Municípios do Estado do Paraná, do exercício financeiro de 2019, compreendendo os Poderes Legislativo e Executivo, suas administrações direta e indireta, Consórcios Intermunicipais, Empresas Públicas, Sociedades de Economia Mista e Fundações Públicas de Direito Privado – inclusive Entidades Fechadas de Previdência Complementar, e dá outras providências.

O conjunto dos dados levantados pela pesquisa indica que o TCE-PR deve realizar a fiscalização permanente dos Poderes (em especial as prefeituras municipais) e órgãos autônomos que ultrapassam o limite prudencial, pois a fiscalização da Corte revelou que nos casos auditados o descumprimento da norma ocorre frequentemente, com a fiscalização realizada pelo TCE-PR na maioria dos casos ocorrida muito tempo após a inobservância do parágrafo único do artigo 22 da LRF pelas prefeituras municipais.

Dessa forma, o aprimoramento da fiscalização das vedações do parágrafo único do artigo 22 da LRF pelo TCE-PR pode se valer de instrumento procedimental já existente na Corte, que é o caso do APA – Apontamento Preliminar de Acompanhamento, conforme demonstraremos no capítulo 6.

CAPÍTULO 6

APA – APONTAMENTO PRELIMINAR DE ACOMPANHAMENTO E A POSSIBILIDADE DE ADOÇÃO DO INSTRUMENTO PARA FISCALIZAR A IMPLEMENTAÇÃO DAS RESTRIÇÕES DO ARTIGO 22 DA LRF

Conforme a pesquisa demonstrou, a maioria dos casos de fiscalização realizados pelo TCE-PR ocorreu após a constatação da infringência ao parágrafo único do artigo 22 da LRF, sendo realizada pelo tradicional sistema de controle *a posteriori*.

Ronald Chadid[165] aponta que "a atuação *a posteriori*, embora importante, apenas faz constatar que o recurso foi mal gerido, que a gestão foi ineficiente, que o gasto foi excessivo ou que houve superfaturamento ou sobrepreço".

A moderna concepção do controle externo exercido pelo Tribunal de Contas exige uma atuação das Cortes cada vez mais concomitante e até prévia à realização da despesa pública, voltada para o cumprimento do princípio da gestão fiscal responsável.

Isso se reforça pelo fato do §1º do artigo 1º da LRF dispor que a gestão fiscal responsável também se materializa mediante a prevenção de riscos e a correção de desvios que podem afetar o equilíbrio das contas públicas, e

> permanecer indefinidamente em patamares superiores aos limites parciais de gastos com pessoal, em um permanente flerte com o abismo fiscal,

---

[165] CHADID, Ronaldo. Função social dos Tribunais de Contas – uma releitura da sua missão institucional. *In*: LIMA, Edilberto Carlos Pontes (Coord.). *Tribunal de Contas do século XXI*. Belo Horizonte: Fórum, 2020. p. 360/361.

consubstancia-se em assunção de risco incompatível com a gestão fiscal responsável, notadamente matizada pelos princípios da sustentabilidade fiscal e da prudência.[166]

Além disso, para a efetivação da gestão fiscal responsável, a administração pública deve observar o princípio da prudência,[167] com Carlos Maurício Figueiredo e Marcos Nobrega[168] lecionando no sentido que:

> A Lei de Responsabilidade Fiscal vem estabelecer esse novo padrão. Não só impondo regras, que são importantes, é verdade, mas sim determinando compromissos e padrões de conduta que devem ser seguidos. Esses padrões se consubstanciam sobretudo nos princípios elencados na LRF e, entre eles, o princípio que chama muito nossa atenção é o princípio da prudência, que caracteriza a cautela, a ponderação, na consecução da gestão fiscal.

O fato de a pesquisa ter demonstrado que em diversos municípios acima de 50 mil habitantes a permanência acima do limite prudencial por mais de um quadrimestre seguido ser frequente, ocorrendo fiscalização apenas nos casos em que o Poder Executivo em questão foi sorteado nas auditorias do PAF ou quando ocorreram denúncias e análises de admissão de pessoal, demonstram a tendência dos gestores não adotarem as vedações do parágrafo único do artigo 22 da LRF voluntariamente após o recebimento do alerta prudencial.

Para Luciano Silva Costa Ramos "[...] a permanência prolongada acima do limite prudencial de gastos com pessoal configura ofensas a regras e princípios inerentes à gestão fiscal responsável [...]", complementando que:

> Diante das consequências jurídicas negativas ocasionadas pelo quadro descrito, tem-se como um norte indicativo de que a continuidade dos gastos com pessoal nesse patamar não é um indiferente jurídico, como

---

[166] RAMOS, Luciano Cesar. *Op. cit.* p. 166.
[167] De acordo com a Resolução nº 1.282/2010 do Conselho Federal de Contabilidade: "O Princípio da Prudência pressupõe o emprego de certo grau de precaução no exercício dos julgamentos necessários às estimativas em certas condições de incerteza, no sentido de que ativos e receitas não sejam superestimados e que passivos e despesas não sejam subestimados, atribuindo maior confiabilidade ao processo de mensuração e apresentação dos componentes patrimoniais".
[168] FIGUEIREDO, Carlos Maurício; NÓBREGA, Marcos. *Lei de Responsabilidade Fiscal*: aspectos polêmicos. Belo Horizonte: Fórum, 2006. p. 70.

se bastasse evitar a ultrapassagem do limite total das despesas com pessoal.[169]

Em que pese a LRF só fixar prazos para redução das despesas com pessoal nos casos em que for ultrapassado limite total fixado, o princípio da gestão fiscal responsável previsto no §1º do artigo 1º da LRF e o princípio da prudência servem como fundamentos para uma atuação permanente dos Tribunais de Contas na fiscalização da implementação das restrições constantes do parágrafo único do artigo 22 da Lei.

Logo, o sistema de medidas acautelatórias estabelecidas pelo parágrafo único do artigo 22 da LRF exigem das Cortes de Contas uma atuação fiscalizadora preventiva à inobservância da norma, diante da constatação pelo TCE-PR de que é comum que os gestores ignorem as vedações impostas pela Lei durante o período em que as despesas estão acima do limite prudencial, indo de encontro à efetivação do princípio da prudência que rege a gestão fiscal responsável.

Os avanços tecnológicos têm permitido que as Cortes de Contas promovam uma fiscalização cada vez mais concomitante ao momento da realização da despesa pública, por meio do uso da tecnologia e de sistemas avançados de IA – inteligência artificial.

No caso do TCE-PR, ainda que não envolva propriamente o uso de inteligência artificial, a adoção de sistemas automatizados já existe, pois a Corte realiza a emissão dos alertas de forma eletrônica e automática, mediante procedimentos automatizados, conforme apontado no capítulo 3 da obra.

Dessa forma, se pesquisaram procedimentos de controle existentes no âmbito do TCE-PR que permitam a fiscalização das vedações do artigo 22 da LRF de forma contínua, encontrando no APA – Apontamento Preliminar de Acompanhamento – uma possibilidade para o aprimoramento do controle e fiscalização realizados pelo TCE-PR na despesa com pessoal dos Poderes e órgãos que excedem o limite prudencial.

Esse instrumento possui caráter de prevenir a infração das normas, e que vai de encontro ao uso da tecnologia destacado por Edilberto Pontes Lima e Gleison Mendonça Diniz:[170]

---

[169] RAMOS, Luciano Silva Costa. *Op. cit.* p. 154.
[170] LIMA, Edilberto Carlos Pontes; DINIZ, Gleison Mendonça. O Tribunal de Contas no século XXI: desafios e perspectivas. *In*: LIMA, Edilberto Carlos Pontes (Coord.). *Tribunal de Contas do século XXI*. Belo Horizonte: Fórum, 2020. p. 166.

dentre as iniciativas tecnológicas que vêm ganhando bastante destaque para a implementação nas cortes de contas, está a adoção de ferramentas tecnológicas baseadas em inteligência artificial (IA), contribuindo com a fiscalização das ações de governo e com o combate a potenciais ilícitos, tendo em vista a desafiadora missão dos órgãos de controle quanto ao acompanhamento de políticas, compras, transações, licitações e acordos, na tentativa de minimizar irregularidade e combater a corrupção. A IA é indubitavelmente um instrumento de vanguarda tecnológico do século XXI.

O APA faz parte do sistema denominado malha eletrônica, procedimento disciplinado pela Instrução Normativa nº 122/2016, a qual dispõe sobre a "Malha Eletrônica e sobre o sistema de gerenciamento, instrumentos para fiscalização via acompanhamento das entidades de Administração Pública Municipal e Estadual", que também normatiza o procedimento do APA.

Trata-se de um procedimento prévio aos processos da jurisdição controladora, vinculado às unidades técnicas do TCE-PR. Pode ser iniciado pela própria corte, ao se deparar com uma possível irregularidade e a partir de denúncias, inclusive anônimas, da população, sendo noticiado que "por dia, a média é de 20 atendimentos, que chegam por e-mail, telefone ou carta".[171]

Conforme se destaca no *site* do TCE-PR, o APA tem sido um importante instrumento de fiscalização preventiva, evitando o uso indevido de recursos públicos. Levando em consideração que a efetividade do controle possui relação com o tempo em que a fiscalização é exercida, o APA se revela procedimento célere para o controle externo da administração pública.

O APA é considerado como "uma oportunidade concedida pelo TCE-PR aos gestores para corrigir falhas verificadas pelo órgão na fiscalização preventiva, sem que seja necessária a abertura de processo administrativo, cujo trâmite é mais demorado e custoso":[172] a Corte notifica o gestor a respeito de possível infração a uma norma, concedendo um prazo para que se promova o ajuste no ato ou processo administrativo, e:

---

[171] Disponível em: https://www1.tce.pr.gov.br/noticias/qualquer-cidadao-pode-denunciar-mau-uso-dodinheiro-publico-ao-tce/3127/N. Acesso em: 10 abr. 2022.

[172] Disponível em: https://www1.tce.pr.gov.br/noticias/atuacao-do-tce-pr-corrige-falhas-em-169-portaisda-transparencia-de-municipios/6646/N. Acesso em: 07 dez. 2022.

quando os administradores não corrigem as falhas apontadas, ficam sujeitos a Comunicação de Irregularidade, que pode ser transformada em Tomada de Contas. Nesse caso, a Lei Orgânica do TCE-PR (Lei Complementar Estadual nº 113/2005) prevê a aplicação de multas administrativas, fixas e proporcionais ao valor do dano ao patrimônio público, devolução dos recursos e outras sanções.

Desde sua criação, em abril de 2018, a CAGE, por meio da fiscalização preventiva, já conseguiu evitar a perda ou o uso indevido de R$ 22,5 milhões pertencentes aos cofres públicos do Paraná.[173]

Neste sentido, no campo das licitações o APA tem demonstrado grande efetividade no bom uso dos recursos públicos, tendo se revelado um importante mecanismo de controle social da administração pública, conforme destacamos nos exemplos a seguir:

Em junho de 2018, um cidadão do Município de Roncador fez uma denúncia ao TCE-PR por meio do canal da Ouvidoria, referente a uma licitação destinada a adquirir bens e serviços para implementação de programa denominado "Crescer em Família", a ser implementado pela Prefeitura do citado Município.

De acordo com o TCE-PR:

a análise técnica do edital comprovou os apontamentos do procedimento instaurado pela Ouvidoria: ausência de publicação do edital no portal da prefeitura na internet; restrição à competitividade, diante da divisão do objeto em lotes; e exigência indevida de atestado de visita técnica. A Cage enviou à administração municipal um Apontamento Preliminar de Acompanhamento (APA), informando as inconformidades constatadas no edital e questionando quais medidas corretivas seriam adotadas.[174]

Recebida a notificação do APA, imediatamente o Município de Roncador procedeu à revogação do edital denunciado, informando ao TCE-PR que corrigiria as irregularidades apontadas, assim como observaria os apontamentos feitos pelo órgão de controle nos próximos certames licitatórios.

Em outro caso, a utilização do APA resultou na economia de R$706,9 mil para o município de São Pedro do Ivaí, após este corrigir edital de licitação de medicamentos objeto de análise do TCE-PR:

---

[173] Disponível em: https://www1.tce.pr.gov.br/noticias/atuacao-do-tce-pr-corrige-falhas-em-169-portaisda-transparencia-de-municipios/6646/N. Acesso em: 07 dez. 2022.

[174] Disponível em: https://www1.tce.pr.gov.br/noticias/demanda-de-cidadao-a-ouvidoria-do-tce-pr-leva-roncador-a-revogar-licitacao/6078/N. Acesso em: 12 dez. 2022.

ao analisarem o instrumento convocatório original da disputa, os auditores da CAGE verificaram que 13 itens do termo de referência possuíam cotações superiores às praticadas no mercado de compras públicas, resultando num potencial sobrepreço de R$ 409.948,00.

Diante do problema detectado, foi encaminhado Apontamento Preliminar de Acompanhamento (APA) à prefeitura, orientando a realização de ampla pesquisa de preços, a fim de adequar o valor de referência dos medicamentos e reanalisar a metodologia de cálculo utilizada.

Para tanto, a CAGE indicou, entre outras medidas, o uso da média ponderada dos valores obtidos no Banco de Preços em Saúde (BPS) do governo federal, bem como, pelo menos, outras duas fontes, a exemplo de contratações feitas por outros órgãos da administração pública e dos sistemas Comprasnet e Compras Paraná.

Em resposta, o Município de São Pedro do Ivaí informou ter republicado o edital da licitação com as devidas retificações nos valores de referência dos medicamentos com sobrepreço, conforme as orientações fornecidas pela unidade técnica do TCE-PR.[175]

O procedimento do APA segue o que Inaldo Araújo e Luciano Chaves de Farias denominam como controle externo prospectivo, tendo a atuação dos Tribunais de Contas voltadas para ações pedagógicas e preventivas:

> [...] pela sua possibilidade de atuação no momento anterior à materialização do dano, provocando mudanças de rumo e ajustes de comportamentos administrativos, a função pedagógica ou aqueloutras que possuem essa vertente (como as já citadas funções consultiva, informativa e corretiva) ganha relevo e assume papel de destaque no novo cenário do controle público. Sem embargos, entende-se que a função pedagógica dos tribunais de contas é mais consentânea com esse enfoque prospetivo de controle, que visa, em essência, atuar em momento anterior à efetivação do dano, numa perspectiva futura, não se voltando ao passado, às condutas já realizadas.[176]

Os autores, ao abordarem os APRPs (Autos de Prazo para Regularização de Procedimento – instrumento similar ao APA), lecionam que:

---

[175] Disponível em: https://www1.tce.pr.gov.br/noticias/ao-seguir-orientacoes-do-tce-pr-municipio-poupa-r$-7069-mil-em-licitacao/9820/N. Acesso em: 12 dez. 2022.

[176] ARAÚJO, Inaldo da Paixão Santos; FARIAS, Luciano Chaves de. Controle externo prospectivo. *In*: LIMA, Edilberto Carlos Pontes (Coord.). *Tribunal de Contas do século XXI*. Belo Horizonte: Fórum, 2020. p. 146.

Nessa ambivalência do controle prospectivo, tem-se mais um relevante exemplo de atuação efetiva dos tribunais de contas, os chamados Autos de Prazo para Regularização de Procedimento (APRPs). Tal instituto decorre de expressa prerrogativa constitucional que têm as cortes de contas de assinar prazo para que os jurisdicionados adotem as providências necessárias ao exato cumprimento das normas, uma vez identificadas ilegitimidades nas condutas administrativas.[177]

Concluindo que "[...] a finalidade do APRP é promover a atuação cautelar, priorizando o controle prévio e concomitante, com espeque na sua vertente pedagógica, e buscando a efetividade da sua ação".[178]

Nesse sentido Edilberto Pontes Lima[179] destaca que por meio deste instrumento "impede-se que um ato ilegal persista, o Tribunal de Contas age de imediato, simultaneamente à execução".

O APA guarda similaridade ao alerta previsto pela LRF, pois o último é visto como um instrumento de prevenção e auxílio para a realização da gestão fiscal responsável, como explica José Maurício Conti:[180]

O 'alerta' é um importante instrumento de gestão fiscal responsável, e uma ferramenta de grande utilidade que o sistema de fiscalização da atividade financeira tem em mãos para evitar o descontrole das contas públicas, cujo uso tem sido intensificado pelas Cortes de Contas.

As restrições previstas no parágrafo único do artigo 22 da LRF se revelam de natureza cautelar para que o Poder ou órgão não pratiquem atos de pessoal que levem à extrapolação do limite total da despesa com pessoal, com o alerta prudencial atuando em conjunto para prevenir tal descontrole.

Logo, a combinação entre esses instrumentos preventivos e o APA para fiscalizar de forma permanente o cumprimento das vedações impostas pelo parágrafo único do artigo 22 da LRF é plenamente possível no âmbito do TCE-PR.

Dessa forma, basta que se normatize a abertura de um APA automaticamente após a emissão do alerta prudencial para os Poderes e órgãos sob sua jurisdição que permaneçam gastando acima de 95% da

---

[177] ARAÚJO; FARIAS. *Op. cit.* p. 156.
[178] ARAÚJO; FARIAS. *Op. cit.* p. 156.
[179] LIMA, Edilberto Carlos Pontes. *Curso... Op. cit.* p. 276.
[180] CONTI, José Maurício. *A luta... Op. cit.* p. 183.

RCL em despesas com pessoal por 2 quadrimestres seguidos,[181] com a concessão de prazo aos gestores para que comprovem que não praticaram as vedações constantes do parágrafo único do artigo 22 da LRF durante o período de restrição, sob pena de responsabilização pessoal destes.

A justificativa para que seja instaurado o APA somente após a permanência por 2 quadrimestres seguidos dispendendo acima de 95% da RCL nas despesas com pessoal está na questão de ser comum a ocorrência de fatos alheios à vontade do gestor e que indiretamente aumentam a despesa com pessoal (por exemplo, frustração na arrecadação tributária ou recessão econômica), devendo-se levar em consideração a boa-fé do gestor num primeiro momento.

Verificando o TCE-PR que um município (por exemplo) se manteve acima do limite prudencial por mais de um quadrimestre seguido, instaura-se o APA e determina-se ao gestor e ao responsável pelo controle interno do Poder que estes comprovem que não se concedeu aumento salarial, que não se admitiu novos servidores (fora as exceções) ou que não se praticou qualquer um dos atos vedados no parágrafo único do artigo 22 da LRF, podendo o TCE-PR remeter cópia da notificação do APA ao respectivo Poder Legislativo (no caso dos municípios), para que este também possa auxiliar na fiscalização do cumprimento da norma.

Se a LRF determina que o responsável pelo controle interno assine o RGF em conjunto com o gestor, presume-se que aquele já tenha conhecimento de que o Poder ou órgão está acima do limite prudencial, sendo possível atribuir, mediante uso do APA, ao responsável pelo controle interno a responsabilidade de informar o que ocorreu a cada mês em que o Poder ou órgão esteve acima do limite prudencial.

Para se instrumentalizar tais informações pelo controle interno, pode ser exigida a apresentação de um relatório mensal, elaborado a partir de informações prestadas pelo setor de RH do Poder ou órgão, as quais podem ser obtidas nos sistemas operacionais do Poder ou órgão e que subsidiam a elaboração dos relatórios exigidos pela LRF, certificando que não foram praticados os atos de pessoal vedados pelo parágrafo único do artigo 22, ou então, se alguma das vedações foi infringida pelo gestor, sob pena de responsabilidade do controlador interno, na forma do §1º do artigo 74 da CF.[182]

---

[181] Ou, no caso daqueles municípios em que é facultado a emissão do RGF semestral, por dois semestres seguidos.

[182] §1º. Os responsáveis pelo controle interno, ao tomarem conhecimento de qualquer irregularidade ou ilegalidade, dela darão ciência ao Tribunal de Contas da União, sob pena de responsabilidade solidária.

O TCE-PR, após receber este relatório do controle interno e verificando o descumprimento das vedações, converterá o procedimento em comunicação de irregularidade, dando início à Tomada de Contas Extraordinária, em que poderá ocorrer a responsabilização do gestor e do controlador interno que – devidamente alertados – agiram em contrariedade ao parágrafo único do artigo 22 da LRF. Por outro lado, caso se verifique o cumprimento da norma, o procedimento naturalmente será arquivado sem indicação de responsabilidades, como já ocorre nas situações em que o APA é utilizado.

Nesse aspecto, se materializaria o disposto no artigo 70 da Constituição Federal que atribui de maneira igualitária o exercício da fiscalização contábil, orçamentária, financeira, operacional e patrimonial ao controle externo e ao controle interno de cada Poder.

Como a finalidade do APA é preventiva, entendemos que o recebimento da notificação da instauração do APA pelo gestor e pelo controle interno demonstraria que o TCE-PR acompanha a evolução da despesa com pessoal, quando, num primeiro momento, poderiam se revelar casos de descumprimento do artigo 22 para, posteriormente, desencorajar os gestores de praticar as condutas vedadas pelo parágrafo único, em decorrência da presença mais constante do controle externo na atividade administrativa.

E a adoção do APA para a fiscalização do cumprimento das vedações do parágrafo único do artigo 22 da LRF não obsta que a Corte proceda com a fiscalização mediante os processos de registros de atos de admissão de pessoal e nos processos de denúncias, conforme já o faz, e como o TCE-PR destaca, o não atendimento do APA pode ter como consequência a comunicação de irregularidade e instauração de Tomada de Contas Extraordinária.

Além disso, a utilização do APA nestes casos permitiria ao TCE-PR descobrir, ainda que indiretamente, quais as razões que levam os Poderes e órgãos a permanecerem acima do limite prudencial por mais de um quadrimestre seguido, podendo auxiliar os Poderes ou órgãos que enfrentem situação similar em procedimentos a serem desenvolvidos com o objetivo de racionalizar a despesa com pessoal.

Isto traria a Corte para mais perto da realidade econômico-administrativa dos Poderes e órgãos paranaenses, entendendo as dificuldades reais da gestão, muitas vezes incompreendidas pelos Tribunais de Contas.

E a implementação de tal procedimento contemplaria de forma permanente para a efetivação dos princípios da gestão fiscal responsável e da prudência, com o TCE-PR participando ativamente do controle externo prévio e concomitante das despesas com pessoal, de forma prospectiva.

CAPÍTULO 7

CONCLUSÕES

A Lei de Responsabilidade Fiscal inovou o controle das contas públicas, em especial as despesas com pessoal, criando limites não apenas para os Poderes, mas também para os órgãos autônomos Tribunal de Contas e Ministério Público.

Esse sistema, além de fixar um limite total para a despesa com pessoal, disciplinou limites preventivos para evitar a extrapolação dos gastos com pessoal, o que se revelou como uma das principais inovações trazidas pela LRF, prevendo também um sistema de retorno para o caso de a despesa com pessoal exceder o limite total fixado.

As vedações que visam prevenir a extrapolação dos gastos com pessoal constam do parágrafo único do artigo 22 da LRF, que deve ser observado quando do atingimento daquilo que se convencionou chamar de limite prudencial. Assim, foram estabelecidas restrições constantes do §3º do artigo 23 da Lei para o Poder ou órgão que ultrapassasse o limite total de gastos com pessoal.

A Lei também atribuiu, entre outros, ao Tribunal de Contas a competência para a fiscalização das despesas com pessoal, permitindo a emissão de alertas aos Poderes ou órgãos que atingissem determinados índices de gastos com pessoal, além de permitir a aplicação de sanções para os gestores que não cumprissem as disposições da norma.

Passados mais de 20 anos da edição da LRF, persiste o fato de as despesas com pessoal se apresentarem como um problema para a administração pública, em especial a administração pública municipal, cuja maior despesa de caráter continuado é a folha de pagamento de seus servidores.

E o descontrole das despesas com pessoal, além de prejudicar a implementação de políticas públicas, pode acarretar ao município que exceder o limite total previsto pela LRF o impedimento de receber transferências voluntárias, obter garantia ou contratar operações de crédito, caso este não reduza o excedente nos prazos previstos na Lei.

Logo, o denominado limite prudencial se revela como um importante mecanismo de prevenção, devendo a implementação das restrições constantes do parágrafo único do artigo 22 da LRF serem fiscalizadas pelos Tribunais de Contas.

No caso dos municípios paranaenses, a pesquisa revelou ser comum o fato de as Prefeituras Municipais ultrapassarem o limite prudencial e permanecerem no quadro por mais de um quadrimestre, revelando que a inobservância das condutas vedadas pelo parágrafo único do artigo 22 é comum, em práticas que ferem os princípios da gestão fiscal responsável e prudência.

Destaca-se que os alertas referentes ao limite prudencial das despesas com pessoal foram devidamente emitidos pelo TCE-PR em desfavor de todos os Poderes Executivos dos municípios pesquisados, ou seja, os gestores são cientificados que não podem praticar as condutas vedadas pelo parágrafo único do artigo 22 da LRF enquanto não ocorrer a redução da despesa com pessoal abaixo do limite de 95% da RCL.

Foi constatado que o TCE-PR fiscaliza a implementação das vedações do parágrafo único do artigo 22 da LRF mediante registros de admissão de pessoal, nos casos em que é provocado por denúncias e por meio de auditorias do PAF, estas últimas apenas nos exercícios em que a despesa com pessoal é um escopo de atuação da corte.

Em comum entre todos os processos pesquisados foi o fato que, quando a fiscalização do TCE-PR ocorreu, verificou-se a inobservância do parágrafo único do artigo 22 da LRF na maioria dos casos. Porém, não houve quantificação do que foi despendido indevidamente nos municípios que não cumpriram das vedações.

Destacaram-se as determinações dos Acórdãos nº 1810/18-TP e nº 2673/19-TP. Estes suspenderam a tramitação e determinaram a abstenção de sanção em projetos de lei que tinham como objeto a criação de cargos em municípios que se encontravam em alerta prudencial, devidamente cientes.

Nas fiscalizações realizadas por meio do PAF, confirmou-se ser comum a inobservância das vedações do parágrafo único do artigo 22 da LRF em grande parte dos municípios fiscalizados, servindo tais auditorias como indicativo de que a fiscalização sobre a norma deve ser reforçada.

Nos processos de registros de admissão de pessoal verificou-se que o TCE-PR observava se o município se encontrava acima do limite prudencial, situação que obriga a aplicação das vedações do parágrafo único do artigo 22 da LRF, com a tendência da Corte de validar as nomeações com base nos princípios da boa-fé e segurança jurídica, atribuindo responsabilidade ao gestor nos casos em que estava excedido o limite prudencial, também determinando a suspensão de novas nomeações durante o período de restrição.

Nos municípios com população acima de 50 mil habitantes, além dos casos envolvendo registros de admissão, não foram encontrados processos ou Acórdãos específicos sobre a inobservância do artigo 22 da LRF a partir da atuação de ofício da Corte, o que pode indicar que eventuais irregularidades não foram fiscalizadas pelo TCE-PR, não por falha da Corte, mas pela ausência de um procedimento específico para tanto.

Há que se destacar que a única intervenção encontrada em um município acima de 50 mil habitantes, em que se determinou a suspensão do trâmite de projeto de lei que criava cargos comissionados, se deu em Poder Executivo que havia ultrapassado o limite total com pessoal mediante a denúncia de cidadão, constantes do Despacho nº 1008/18-GCIZL, homologado no Acórdão nº 1810/18-TP. Tal forma de atuação se revelou eficiente e conteve uma grave tentativa de infringir o inciso II do parágrafo único do artigo 22 da LRF, servindo de precedente para a expedição de cautelar em outro município que estava prestar a praticar conduta vedada durante período de alerta prudencial.

Também se demonstrou que, apesar do Regimento Interno do TCE-PR impor a observância dos alertas por ocasião do julgamento das contas do respectivo exercício, ao menos nos municípios pesquisados (com mais de 50 mil habitantes) isso não ocorreu, indicando que, para fins do julgamento que será realizado pelo Poder Legislativo o fato de ultrapassar ou permanecer acima do limite prudencial é indiferente para o juízo a ser exercido pelos Vereadores, sendo apenas indicado os casos de extrapolação do limite total de despesas com pessoal.

Nesse sentido, cumpriram-se as disposições das IN sobre o escopo de contas ao longo dos exercícios pesquisados que definiram como objeto de fiscalização sobre as contas anuais, na hipótese de o Poder Executivo exceder o limite total da despesa com pessoal.

No geral, quando ocorreram punições, foi aplicada a penalidade de multa, que é ínfima diante de eventuais danos ao erário que podem ter sido ocasionados, agravado pelo fato de que tal atividade de controle é realizada muito tempo após a realização da despesa indevida. Isso pode motivar cada vez menos que os gestores adotem as restrições nos casos de atingimento do limite prudencial.

Ainda que existente, seja nas auditorias do PAF, dos atos de registros de pessoal e denúncias, a fiscalização pelo TCE-PR das restrições constantes do parágrafo único do artigo 22 da LRF pode ser aprimorada, permitindo que os municípios realizem os gastos com pessoal de forma a coroar a gestão fiscal responsável defendida pela LRF, permitindo que mais recursos públicos possam ser destinados à implementação de políticas públicas, atividade fim da administração pública.

Tanto a administração pública quanto os Tribunais de Contas devem buscar a efetivação dos princípios da gestão fiscal responsável e da prudência, a partir do que se extrai do §1º do artigo 1º da LRF. Dessa forma, o TCE-PR deve atuar de forma preventiva e cautelar visando não apenas garantir o cumprimento da LRF, mas também afastar riscos e corrigir desvios que comprometam a responsabilidade na gestão fiscal.

Como as vedações constantes do parágrafo único do artigo 22 da LRF também possuem natureza cautelar, no sentido de impedir a extrapolação do limite total das despesas com pessoal, a fiscalização do cumprimento da lei pelo TCE-PR pode ser efetuada mediante procedimentos de controle prévio ou concomitante à realização da despesa pública, utilizando de procedimentos automatizados ou com recursos de IA, o que já ocorre nos Tribunais de Contas.

Nesse sentido, destaca-se que já existe um instrumento à disposição do TCE-PR para que seja realizada de forma permanente a fiscalização da implementação das vedações que a LRF impõe aos municípios que excedem em 95% o limite das despesas com pessoal, consistente no APA – Apontamento Preliminar de Acompanhamento.

O procedimento tem obtido excelentes resultados na fiscalização preventiva da gestão pública, evitando o uso irregular de recursos públicos, em especial no controle preventivo das licitações, indo de encontro aos preceitos do controle externo prospectivo.

Nesse sentido, o APA pode ser instaurado de forma automática após a emissão do alerta prudencial para o município que estiver acima do limite prudencial por mais de um quadrimestre seguido, impondo ao gestor e ao controle interno que estes demonstrem que não praticaram as condutas vedadas pelo artigo 22 da LRF após a data final do período de apuração da despesa total com pessoal, o que pode ser feito mediante relatório emitido pelo sistema de controle interno do Poder a partir de informações prestadas pelo setor de RH respectivo.

Além da fiscalização do cumprimento da norma, no âmbito do APA o TCE-PR pode buscar, ainda que indiretamente, saber as razões pelas quais a despesa com pessoal se mantém acima de 95% da RCL por mais de um período de apuração seguido, trazendo o órgão para mais perto da realidade da administração pública, conforme demanda o atual modelo de controle externo da administração pública.

A fiscalização das vedações constantes do parágrafo único do artigo 22 da LRF pelo TCE-PR conforme proposto poderá ser mais eficaz para alcançar os fins para os quais a norma foi criada: estabelecer uma gestão fiscal responsável, com ênfase na implementação de políticas públicas em detrimento dos gastos excessivos com servidores públicos.

REFERÊNCIAS

ABRAHAM, Marcus. *Curso de direito financeiro brasileiro*. 7. ed. Rio de Janeiro: Forense, 2023.

AFONSO, José Roberto. *Responsabilidade Fiscal*: uma memória da lei. Disponível em: https://fgvprojetos.fgv.br/publicacao/responsabilidade-fiscal-uma-memoria-da-lei#:~:text=A%20publica%C3%A7%C3%A3o%20Responsabilidade%20Fiscal%20no,que%20marcaram%20a%20ado%C3%A7%C3%A3o%20dessa. Acesso em: 24 set. 2022.

AGUIAR, Ubiratan Diniz de; ALBUQUERQUE, Marcio André Santos de; MEDEIROS, Paulo Henrique Ramos. *A Administração Pública sob a perspectiva do controle externo*. Belo Horizonte: Fórum, 2011.

ARAÚJO, Inaldo da Paixão Santos; FARIAS, Luciano Chaves de. Controle externo prospectivo. *In*: LIMA, Edilberto Carlos Pontes (Coord.). *Tribunal de Contas do século XXI*. Belo Horizonte: Fórum, 2020.

BRASIL. Constituição (1988). *Constituição da República Federativa do Brasil*. Texto constitucional promulgado em 5 de outubro de 1988, com as alterações adotadas pelas Emendas Constitucionais nº 1/1992 a 131/2023. Disponível em: http://www.planalto.gov.br/ccivil_03/constituicao/constituicao.htm.

BRASIL. *Lei Complementar nº 101*, de 4 de maio de 2000. Estabelece normas de finanças públicas voltadas para a responsabilidade na gestão fiscal e dá outras providências. Diário Oficial da União, Brasília, DF, 05 de maio de 2000. Disponível em: http://www.planalto.gov.br/ccivil_03/leis/lcp/lcp101.htm.

BRASIL. *Lei nº 10.028*, de 19 de outubro de 2000. Altera o Decreto-Lei nº 2.848, de 7 de dezembro de 1940 – Código Penal, a Lei nº 1.079, de 10 de abril de 1950, e o Decreto-Lei nº 201, de 27 de fevereiro de 1967. Disponível em: http://www.planalto.gov.br/ccivil_03/leis/l10028.htm.

BRASIL. *Lei nº 13.655*, de 25 de abril de 2018. Inclui no Decreto-Lei nº 4.657, de 4 de setembro de 1942 (Lei de Introdução às Normas do Direito Brasileiro), disposições sobre segurança jurídica e eficiência na criação e na aplicação do direito público. Disponível em: https://www.planalto.gov.br/ccivil_03/_ato2015-2018/2018/lei/l13655.htm.

CHADID, Ronaldo. Função social dos Tribunais de Contas – Uma releitura da sua missão institucional. *In*: LIMA, Edilberto Carlos Pontes (Coord.). *Tribunal de Contas do século XXI*. Belo Horizonte: Fórum, 2020.

CONTI, José Mauricio. *A luta pelo direito financeiro*. São Paulo: Blucher, 2022. Disponível em: https://www.blucher.com.br/a-luta-pelo-direito-financeiro. Acesso em: 19 set. 2023.

CONTI, José Maurício. *Tribunais de Contas são guardiões do dinheiro público*. Disponível em: https://www4.tce.sp.gov.br/sites/tcesp/files/downloads/20140117-artigo-conti-tribunais.pdf. Acesso em: 27 dez. 2022.

DANTAS, Bruno; DIAS, Frederico. O TCU está para a lei de responsabilidade fiscal assim como o STF está para Constituição Federal. *In*: COÊLHO, Marcus Vinicius Furtado; ALLEMAND, Luiz Claudio; ABRAHAM, Marcus (Org.). *Responsabilidade fiscal*: análise da Lei Complementar nº 101/2000. Brasília: OAB, Conselho Federal, 2016.

DIAS, Fernando Álvares Correia. *O controle institucional das despesas com pessoal*. Disponível em: https://www12.senado.leg.br/publicacoes/estudos-legislativos/tipos-de-estudos/textos-para-discussao/td-54-o-controle-institucional-das-despesas-com-pessoal. Acesso em: 24 set. 2022.

FIGUEIREDO, Carlos Maurício; NÓBREGA, Marcos. *Lei de Responsabilidade Fiscal*: aspectos polêmicos. Belo Horizonte: Fórum, 2006.

FURTADO, Lucas Rocha. *Curso de Direito Administrativo*. 3. ed. rev. ampl. e atual. Belo Horizonte: Fórum, 2012.

GUERRA, Evandro Martins. *Controle Externo da Administração Pública*. 4. ed. Belo Horizonte: Fórum, 2019.

JACOBY FERNANDES, Jorge Ulisses. *Tribunais de Contas do Brasil*: jurisdição e competência. 3. ed. rev. atual. e ampl. 1. reimpr. Belo Horizonte: Fórum, 2013.

JAYME JUNIOR, Frederico Gonzaga; SANTOLIN, Roberto; REIS, Júlio Cesar dos. *Lei de Responsabilidade Fiscal e implicações na despesa com pessoal e de investimento nos municípios mineiros*: um estudo com dados em painel dinâmico. Disponível no endereço: https://doi.org/10.1590/S0101-41612009000400008. Acesso em: 09 dez. 2022.

JUSTEN FILHO, Marçal. *Curso de Direito Administrativo*. 9. ed. rev. atual. e ampl. São Paulo: Revista dos Tribunais, 2013.

LEITE, Cristiane Kerches da Silva. *Federalismo, processo decisório e ordenamento fiscal: A criação da lei de responsabilidade fiscal*. Texto para Discussão, nº 1593, Instituto de Pesquisa Econômica Aplicada (IPEA), Brasília. 2011. Disponível no endereço: https://www.econstor.eu/bitstream/10419/91223/1/664245242.pdf.

LIMA, Edilberto Carlos Pontes. *Curso de Finanças Públicas*: uma abordagem contemporânea. São Paulo: Atlas, 2015.

LIMA, Edilberto Carlos Pontes; DINIZ, Gleison Mendonça. O Tribunal de Contas no século XXI: desafios e perspectivas. *In*: LIMA, Edilberto Carlos Pontes (Coord.). *Tribunal de Contas do século XXI*. Belo Horizonte: Fórum, 2020.

LIMA, Luiz Henrique. *Controle Externo*: teoria e jurisprudência para os Tribunais de Contas. 10. ed. Rio de Janeiro: Forense, 2023.

MENDES, Gilmar Ferreira; BRANCO, Paulo Gustavo Gonet. *Curso de Direito Constitucional*. 17. ed. São Paulo: SaraivaJur, 2022 (Série IDP – Linha Doutrina).

MOTTA, Fabrício. Publicidade e transparência nos 10 anos da lei de responsabilidade fiscal. *In*: CASTRO, Rodrigo Pironti Aguirre de (Coord.). *Lei de Responsabilidade Fiscal*: ensaios em comemoração aos 10 anos da Lei Complementar nº 101/00. Belo Horizonte: Fórum, 2010.

OLIVEIRA, Weder de. *Curso de Responsabilidade Fiscal*: direito, orçamento e finanças públicas. Belo Horizonte: Fórum, 2013. v. 1.

OLIVEIRA. Weder de. O equilíbrio das finanças púbicas e a Lei de Responsabilidade Fiscal. *In*: CASTRO, Rodrigo Pironti Aguirre de (Coord.). *Lei de Responsabilidade Fiscal*: ensaios em comemoração aos 10 anos da Lei Complementar nº 101/00. Belo Horizonte: Fórum, 2010.

PARANÁ. Tribunal de Contas. *Lei Orgânica* (Lei Complementar nº 113 de 15.12.2005) e Regimento Interno (Resolução nº 1 de 24/01/2006): versão seca atualizada até abr. 2018. Curitiba, 2018. Acesso eletrônico: https://www1.tce.pr.gov.br/multimidia/2020/9/pdf/00350407.pdf.

PAUSE, Júlio César Fucilini. A Lei de Responsabilidade Fiscal e os mecanismos de controle das despesas com pessoal aplicáveis aos Municípios: uma visão panorâmica. *In*: FIRMO FILHO, Alípio Reis; WARPECHOWSKI, Ana Cristina Moraes; RAMOS FILHO, Carlos Alberto de Moraes (Coord.). *Responsabilidade na gestão fiscal*: estudos em homenagem aos 20 anos da Lei Complementar nº 101/2000. Belo Horizonte: Fórum, 2020.

PEREIRA, Sandro Rafael Matheus. *Apagão das canetas, inovação e controle externo*: o que os gestores têm a dizer? Disponível em: https://www.conjur.com.br/2022-jul-21/matheus-pereira-inovacao-controle-externo. Acesso em: 18 set. 2023.

POMPEU, Ana. *Presidente e ministros do TCU pedem a Temer que vete mudanças na LINDB*. Disponível em: https://www.conjur.com.br/2018-abr-18/presidente-ministros-tcu-pedem-temer-vete-lindb. Acesso em: 29 set. 2023.

RAMOS, Luciano Silva Costa. *Regime jurídico do controle de despesas com pessoal*. 2020. Tese (Doutorado em Direito Econômico e Financeiro) – Faculdade de Direito, Universidade de São Paulo, São Paulo, 2020. p. 153. DOI: 10.11606/T.2.2020.tde-22032021-201259. Acesso em: 25 abr. 2022.

SBERZE, André. *Intervenção do Tribunal de Contas do Estado em projeto de lei que apronta a Constituição Federal e a Lei de Responsabilidade Fiscal*: caso prático de ativismo controlador? Disponível em: https://sbap.org.br/ebap/index.php/home/article/view/79.

SUNDFELD, Carlos Ari. *Direito Administrativo*: o novo olhar da LINDB. Belo Horizonte: Fórum, 2022.

SUNDFELD, Carlos Ari; ROSILHO, André. *Tribunal de Contas da União no Direito e na Realidade*. São Paulo: Almedina, 2020.

TAUFNER, Domingos Augusto. Os conceitos básicos da Lei de Responsabilidade Fiscal para sua melhor aplicação pelos profissionais do direito. *In*: COÊLHO, Marcus Vinicius Furtado; ALLEMAND, Luiz Claudio; ABRAHAM, Marcus (Org.). *Responsabilidade fiscal*: análise da Lei Complementar nº 101/2000. Brasília: OAB, Conselho Federal, 2016.

ANEXO

MINUTA DE INSTRUÇÃO NORMATIVA Nº XXX/2023

Dispõe sobre o uso do Apontamento Preliminar de Acompanhamento – APA – nos casos de reiterada permanência dos Poderes e órgãos acima do limite prudencial das despesas com pessoal, na forma do parágrafo único do artigo 22 da Lei de Responsabilidade Fiscal, e dá outras providências.

O TRIBUNAL DE CONTAS DO ESTADO DO PARANÁ, no uso das atribuições contidas no art. 2º, I, da Lei Complementar nº 113, de 15 de dezembro de 2005, e com base nos arts. 5º, XIII, 193 a 196, do Regimento Interno,
RESOLVE:

CAPÍTULO I
DA APLICABILIDADE

Art. 1º Esta Instrução Normativa estabelece o procedimento de fiscalização das vedações contidas no parágrafo único do artigo 22 da Lei da Responsabilidade Fiscal mediante a utilização do Apontamento Preliminar de Acompanhamento – APA.

Parágrafo único. Para efeito das normas desta Instrução Normativa estão abrangidos:
I – Poder Executivo e Poder Legislativo Estaduais;
II – Poder Judiciário;
III – Tribunal de Contas do Estado e Ministério Público Estadual;
IV – Poder Executivo e Poder Legislativo Municipais.

CAPÍTULO II
DO PROCEDIMENTO

Art. 2º Encerrada a análise da gestão fiscal dos Poderes e órgãos indicados no parágrafo único do art. 1º desta Instrução Normativa e constatado que se ultrapassou, por mais de um período de verificação seguido, o limite fixado pelo parágrafo único do art. 22 da Lei de Responsabilidade Fiscal, a Coordenadoria-Geral de Fiscalização – CGF – promoverá a instauração de APA para verificar o cumprimento das vedações legais impostas as entidades que se encontram acima do limite prudencial.

§1º Por análise da gestão fiscal compreende-se aquela realizada pela Coordenadoria de Gestão Municipal no Sistema de Informações Municipais (SIM-AM) e pela Coordenadoria de Gestão Estadual no âmbito de suas atribuições;

§2º Considera-se período de verificação:

I – quadrimestral, na forma dos artigos 54 e 55 da Lei de Responsabilidade Fiscal;

II – semestral, para a hipótese prevista no art. 63, I, da Lei de Responsabilidade Fiscal.

§3º O APA a que se refere este art. será instaurado independente da notificação de alerta, na forma do parágrafo único do art. 18 da Instrução Normativa nº 174/2022.

Art. 3º Instaurado o APA, serão notificados o gestor e o responsável pelo controle interno do Poder ou órgão, que no prazo de 15 (quinze) dias encaminharão relatório das despesas com pessoal referente a cada mês após encerramento do período de apuração em que se constatar a permanência reiterada acima prudencial, onde deverão comprovar que:

I – não ocorreu concessão de vantagem, aumento, reajuste ou adequação de remuneração a qualquer título, salvo os derivados de sentença judicial ou de determinação legal ou contratual, ressalvada a revisão prevista no inciso X do art. 37 da Constituição;

II – não foram criados cargo, emprego ou função;

III – não ocorreu alteração de estrutura de carreira que implique aumento de despesa;

IV – não houve provimento de cargo público, admissão ou contratação de pessoal a qualquer título, ressalvada a reposição decorrente de aposentadoria ou falecimento de servidores das áreas de educação, saúde e segurança;

V – não foram pagas horas extra, salvo no caso do disposto no inciso II do § 6º do art. 57 da Constituição e as situações previstas na lei de diretrizes orçamentárias.

§1º O relatório deverá conter a discriminação da remuneração de todos os servidores ativos efetivos e comissionados, inativos e terceirizados, na forma do art. 18 da Lei de Responsabilidade Fiscal.

§2º Deverá ser encaminhado também relatório referente a cada mês do período de apuração anterior aquele em que se verificou a permanência reiterada acima do limite prudencial fixado pelo parágrafo único do art. 22 da Lei de Responsabilidade Fiscal, para fins de comparação.

§3º Os relatórios previstos neste artigo deverão ser assinados pelo gestor e pelo responsável pelo controle interno.

Art. 4º Em sendo verificado que a entidade cumpriu as vedações impostas pelo parágrafo único do art. 22 da Lei de Responsabilidade Fiscal durante o período em que se encontrava acima do limite prudencial, será encerrada a ocorrência.

Art. 5º Verificado que a entidade realizou pagamento em desconformidade com o previsto nos incisos I a V do art. 3º desta Instrução Normativa, será procedida a instauração de Tomada de Contas Extraordinária em face dos respectivos gestor e responsável pelo controlador interno, para apuração de responsabilidades, com aplicação de sanções se for o caso, e eventuais danos ao erário;

CAPÍTULO III
DISPOSIÇÕES FINAIS

Art. 6º Serão observados os dispostos nos art. 7º e seguintes da Instrução Normativa nº 122/2016, para fins da instrução processual do APA aqui disciplinado.

Art. 7º A fiscalização realizada por meio desta Instrução Normativa não exclui as demais formas de fiscalização realizadas pelo Tribunal de Contas do Estado do Paraná.

Art. 8º Esta Instrução Normativa entra em vigor na data de sua publicação.

Esta obra foi composta em fonte Palatino Linotype, corpo 10
e impressa em papel Pólen Bold 70g (miolo) e Supremo 250g
(capa) pela Gráfica Paulinelli.